PUNTI DI VISTA

A BBC radio course of
twenty lessons in Italian

Language notes and exercises:
JOHN INSOLE

Language adviser and background notes:
MARIA LAURA FRANCIOSI

Producer:
ANN GODDARD

Interviewers:
GIANNI ESPOSITO
MARIA LAURA FRANCIOSI
DIEGO CIMARA

THE PROGRAMMES

First broadcast on Radio 3 from March 1974

British Broadcasting Corporation

Acknowledgment is due to the following for permission to reproduce illustrations:
BARNABY'S PICTURE LIBRARY market, page 66; O. BINAZZI
tourists, page 24; CAMERA PRESS LTD Annigoni (D. Zanni/Ever Foto)
front cover and page 168, frozen fountain, page 7, Pope (Roma Press Photo) page
15, cats (Hans W. Silvester) page 22; Mario CARNIANI couple, page 87; Maria
Luisa CASELLI family, page 58; Guiseppe CASTORINI child, page 102; Gianni
ESPOSITO family, page 5; FOTOLINK carnival, page 94, ox cart, page 143;
Marchesa GINORI portrait, page 114; Wanda PASQUINI portrait, page 159;
R.C.A. SpA ITALY Renato Rascel, page 153, Domenico Modugno, page 178;
REPORTER FOTOGRAFICI festa della matricole, page 63, football fans, page 136;
ROMA PRESS PHOTO Signor Valcareggi, front cover and page 133; RUSCONI
EDITORE girl in striped sweater, front cover, fashion train, page 116; Signora
SALVATI old lady, front cover and page 77, young woman, page 77; SCALA mule,
page 50; Nada SEGOTA policeman, front cover and page 40, street scene, page 11,
trattoria, page 48, children, page 125, theatre, page 161; William THUBURN
interviewer on steps, page 5, notice, page 26, two men, page 42, man with
bicycles, page 68, child on bicycle, page 71, waiters, page 95, wine casks, page 96,
market, page 108, priest, page 141, theatre poster, page 159, Pope John, page 172.
Map, page 9 illustrated by Hugh Ribbans.

Published to accompany a series of programmes prepared '
in consultation with the BBC Further Education Advisory
Council.

© John Insole, Maria Laura Franciosi and the British
Broadcasting Corporation 1974
First Published 1974. Reprinted 1978, 1979
Published by the British Broadcasting Corporation
35 Marylebone High Street, London W1M 4AA.

Printed in England by Jolly & Barber Ltd, Rugby.

ISBN: 0 563 10765 0

CONTENTS

2 LP records (or tape cassettes), containing all the interviews in this book, are available through booksellers or from *BBC Publications, PO Box 234, London SE1 3TH.*

THE COURSE AND HOW TO USE IT

This book goes with a BBC radio series of 20 programmes, for people who have completed a beginners' course in Italian and particularly for those who followed the BBC TV course *Avventura*. Each lesson is based on one or more interviews collected in Italy on themes such as living in the centre of Rome, traffic problems in the big cities, country life, football, fashion. The people you will hear giving their points of view come from all walks of life: some are internationally famous, like the painter Annigoni, but the majority are ordinary Italians, the youngest 8, the oldest 82!

We chose two centres in Italy to collect the interviews: Rome and Florence, but to present a variety of speech, many of the people we interviewed, though now living in either Rome or Florence, came originally from other parts of Italy: Pietro Annigoni for example was born in Milan and the singer Domenico Modugno, near Brindisi. None of the speakers you will hear — with the exception of the **signora romana** in Programme 2 and the **cameriere** in Programme 11 — have very pronounced local accents. We asked people to talk as clearly as possible, but otherwise what they say is completely natural and spontaneous and we hope this course will give you the chance to learn Italian as it is really spoken. As a general rule the more time you can spend on the course, the more you will benefit, although each person's needs will vary. You may find a method of following it which you are happy with yourself, but one way we would like to suggest is: read the revision section on page 196 which summarizes the basic grammar points we are assuming you know.

Gianni Esposito and Maria Laura Franciosi

Each week before the programme:

1 Listen to the interview on the record or cassette — not attempting to understand every single word, but just trying to get the gist of it.
2 Then listen to the record again, following the text in the book.
3 Then go through the text checking in the **Parole ed Espressioni** and in the Vocabulary for words and expressions you don't understand.
4 Listen to the programme. This will include oral exercises and often a short comprehension interview similar to the one in that particular programme, or to one in a previous programme.
5 After the broadcast, study the whole lesson in the book and do the exercises. You can check the answers at the back. As the course is one in which people give their points of view there are some exercises to give you a chance to express yours. Answers to these exercises will depend on you, but we have provided some guide lines to help you.
6 If you have time, listen to the repeat broadcast of the programme. **E ora: tocca a Lei!**

LA VITA DEL QUARTIERE

Franca Bizzoni, a young teacher, talks to Maria Laura Franciosi about the advantages and disadvantages of living in an old district in the 'historical centre' of Rome

Maria Laura   Signorina, Lei abita a Roma?

Sig.na Bizzoni   Sì, abito a Roma.

Maria Laura   In che parte di Roma abita?

Sig.na Bizzoni   Al centro, vicino San Pietro in Vincoli, vicino il Colosseo, vicino il Foro Romano, in pieno centro.

Maria Laura   Nel centro storico?

Sig.na Bizzoni   Nel centro storico, sì.

Maria Laura   Immagino che Lei abita in un appartamento antico?

Sig.na Bizzoni   È una casa vecchia, non un appartamento antico.

Maria Laura   E secondo Lei è interessante vivere al centro di Roma? Ci sono dei vantaggi?

Sig.na Bizzoni   Ci sono molti vantaggi. Prima di tutto, vivendo al centro non debbo usare la macchina ogni giorno e questo è estremamente importante in una città come Roma. Non sono neanche costretta a prendere l'autobus ogni giorno. Posso anche andare a piedi, arrivando a piedi, per esempio, entro un raggio di tre o quattro chilometri dalla mia casa. Ma, un vantaggio che io considero molto importante è la cordialità delle persone che vivono intorno a . . ., intorno a noi. Tutti i negozianti conoscono tutte le persone che vivono nel quartiere, nella strada. È come un piccolo paese, è come un piccolo villaggio. Un altro vantaggio notevole, secondo me, è la presenza di tanti piccoli artigiani intorno . . ., in queste strade, per cui non è difficile trovare un idraulico, per esempio, o un . . ., un falegname. Se uno ha bisogno di un pezzo di legno, non deve andare in una grande fabbrica, non deve andare in un grande negozio per comprarlo: Scende sotto casa, ed è lì sotto, praticamente.

Maria Laura   Però ci sono anche degli svantaggi?

Sig.na Bizzoni   Enormi, direi. In queste case vecchie si vive abbastanza bene. Però, per esempio, mancano alcune delle comodità delle case moderne. Non c'è riscaldamento centrale, per esempio. Ora a Roma, è vero, non fa il freddo . . ., non fa estremamente freddo. Però molto spesso d'inverno si arriva sottozero, e anche se non si arriva sottozero, fa freddo. Ora . . ., il riscaldamento è necessario, anche soltanto per i due, tre mesi veramente freddi dell'inverno. Un altro svantaggio è che le scale sono strette. Io, per esempio, abito al quarto piano. Ogni giorno faccio quattro piani su e giù.

Maria Laura   Non c'è ascensore?

Sig.na Bizzoni   Non c'è ascensore. Altri svantaggi possono essere il . . ., il rumore che si sente dalle case intorno. Non il rumore tra un appartamento e l'altro, come nelle case moderne, perchè i muri sono molto spessi. Ma il rumore dei cortili, gli odori del . . ., delle cucine degli altri, i bambini che strillano, le donne che chiacchierano da una finestra all'altra . . .

Maria Laura È molto bello questo però, no?

Sig.na Bizzoni Sì, è molto bello perchè . . ., è molto bello perchè vuol dire che c'è comunicativa, che c'è possibilità . . ., ancora c'è possibilità di comunicare a livello umano, ma è anche . . ., può anche dare molto fastidio.

Maria Laura Specialmente se uno deve lavorare a casa.

Sig.na Bizzoni Sì, c'è il vantaggio di essere in comunicazione con questa gente, ma anche lo svantaggio di perdere la propria vita privata, in un certo senso.

Inverno a Roma!

PAROLE ED ESPRESSIONI

al centro	in the centre. Also: **in centro**
vincino San Pietro in Vincoli	**vicino** is usually connected to a following noun by **a**: **vicino a San Pietro in Vincoli**, **vicino al Colosseo**. Also **vicino a me**, **vicino a noi**
in pieno centro	right in the centre
secondo Lei, secondo me	in your opinion, in my opinion
prima di tutto . . .	first of all . . .
vivendo al centro	living in the centre
non sono neanche costretta a . . .	I am not even obliged to . . .
non debbo = non devo	I needn't, I don't have to
arrivando entro un raggio di . . .	getting to within a radius of . . .
intorno a noi	around us
per cui	and so (for which reason)
se uno ha bisogno di . . .	if one needs . . .
per comprarlo	in order to buy it
(uno) scende sotto casa	(one) pops downstairs — and into the street
direi	I'd say
mancano alcune delle comodità delle case moderne	some of the conveniences of modern houses are lacking
molto spesso d'inverno	very often in winter
si arriva sottozero	the temperature falls below freezing
faccio quattro piani su e giù	I go up and down four flights of stairs
vuol dire	it means
a livello umano	on a human level
può anche dare molto fastidio	it can also be very annoying

VITA E AMBIENTE

Il quartiere dove abita Franca
The church of San Pietro in Vincoli (St. Peter in Chains) dates from 439 AD and was built to hold the chains that bound the captive St. Peter. Here is the famous statue of Moses by Michelangelo.
This district, right in the centre of the city, is one of the oldest in Rome. It is full of ancient ruins and old houses, some of which are in a very bad state of repair.

un piccolo paese
Franca means a small town but **un paese** also means a country. An Italian's **paese** is essentially the place he comes from, the place which is nearest his heart. When he says **il mio paese**, he might mean Italy, but he is probably referring to his home town or village.

la casa, il cortile

Casa doesn't only mean *house*. It can also mean *flat*, and usually does in large towns. The building, or block, itself is called **un palazzo** (which also means *a palace*). In better-off districts each **palazzo** will have its <u>caretaker</u> or doorman, **il portiere**, who takes in the mail, receives callers and is responsible for general maintenance of the building. The **palazzo** is traditionally built like a hollow square or rectangle so that the inside windows look down into the courtyard, **il cortile**.

Un appartamento antico would have rather grander connotations than **una casa vecchia**.

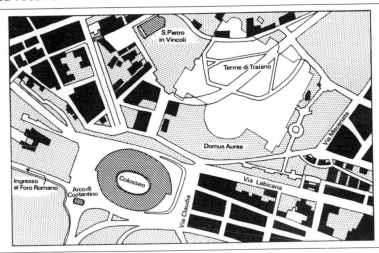

Il quartiere dove abita Franca

LA LINGUA

1 Lei abita a Roma?   Sì, abito a Roma.

Lei is generally used the first time you address someone in a conversation, as to leave it out could seem brusque. Afterwards it is usually omitted, except for reasons of clarity or emphasis. (Revision, page 200)

2 In che parte di Roma abita?   Which part of Rome do you live in?

Che means *which* or *what* in questions. It is also used like *that, who, which*:

Vuol dire che c'è possibilità di comunicare.
It means (that) there is a possibility of communicating.

un vantaggio che io considero molto importante . . .
an advantage (which) I consider very important . . .

la cordialità delle persone che vivono intorno a noi
the cordiality of the people who live around us

il rumore che si sente dalle case intorno
the noise (that) you hear from the houses around

In English *that, which* etc. are frequently left out. In Italian **che** is not omitted.

3 Ci sono dei vantaggi?   Are there (any) advantages?

Dei, degli, delle are often used to mean *some, any*:

	dei vantaggi	(some) advantages
Ci sono	degli svantaggi	There are (some) disadvantages
	delle macchine	(some) cars

Dei, degli, delle carry no special emphasis and can often be left out (like *some* and *any*) without any change of meaning:

Ci sono vantaggi?   Ci sono svantaggi.

pronome personale riflessivo

4 **Si** vive abbastanza bene.   One lives quite well.
  il rumore che si sente   the noise you hear

Si is used to make generalisations rather as in English we use *you* or *people* or *one*:

Come si dice questo in inglese?   How do you say this in English?
Qui si mangia bene.   You eat well here.

Uno is sometimes used in the same way:

Se uno ha bisogno di un pezzo di   If one needs a piece of wood . . .
  legno . . .

5 Non sono neanche costretta a   I am not even obliged to catch the
  prendere l'autobus.   bus.

The infinitive is used after prepositions (**a, per, di,** etc.):

Uno non deve andare in un grande   You needn't go to a big shop to buy
  negozio per comprarlo.   it.
C'è il vantaggio di essere in   There is the advantage of being in
  comunicazione con questa gente.   communication with these people.
C'è anche lo svantaggio di perdere   There's also the disadvantage of
  la propria vita privata.   losing one's own private life.

6 Mancano alcune delle comodità   Some of the conveniences of modern
  delle case moderne.   houses are lacking.

Mancare means *to be missing, to be lacking*.

Chi manca?   Who's missing? Who's not here?
Manca qualcosa?   Is there something missing?
Mi manca l'Italia.   I miss Italy (lit. Italy is lacking to me).

7 Abito al quarto piano.   I live on the fourth floor.

Piano here means *floor, storey* of a building.

Chi abita al terzo piano?   Who lives on the third floor?

It has a number of meanings, including *level* and *plan*.

Piano also means *slowly* or *quietly*:

Può parlare piano per favore? Non capisco.	Can you speak slowly please? I don't understand.
Può parlare piano. Sento benissimo.	You can speak quietly. I can hear very well

8 Può anche dare molto fastidio. — It can also be very annoying.

Anche here corresponds to the English *also, too, as well*. Often it means *even*, especially in the combination **anche se**:

anche se non si arriva sottozero — even if the temperature doesn't fall below zero

Sometimes it can have both meanings:

Posso anche andare a piedi. — I can even walk *or* I can also walk.

The negative **neanche** means *not even* or *neither*:

Giorgio non ci va. Neanch'io.	Giorgio isn't going there. Neither am I.
Non sono neanche costretta a prendere l'autobus.	I'm not even obliged to catch the bus *or* I don't have to catch the bus either.

Notice the double negative (**Non . . . neanche**) in the last example.

Il mercato sotto casa . . .

ORA TOCCA A LEI!

X I   A friend wants to know if there are a lot of . . . . . , you tell him there are
some . . . . . . , but not so many.

Ci sono molti vantaggi?   Ci sono dei vantaggi, ma non tanti.
Ci sono molte comodità?   Ci sono delle comodità, ma non tante.

1 Ci sono molti svantaggi?   . . . .
2 Ci sono molti grandi negozi?   . . . .
3 Ci sono molte fabbriche
   moderne?   . . . .
4 Ci sono molti turisti inglesi?   . . . .
5 Ci sono molti americani?   . . . .
6 Ci sono molte belle ragazze?   . . . .

Non ci vado, allora!

X II   Perhaps you are not being very clear, but anyway someone keeps asking
you which one(s) you are talking about. Keep your temper.

Quale autobus?   L'autobus che prendo ogni giorno.
Quali persone?   Le persone che vivono intorno a noi.

1 Quale signorina?   . . . . abita al quarto piano.

2 Quali donne?   . . . . chiacchierano da una
                          finestra all'altra.

3 Quale rumore?   . . . . si sente dalle case
                          intorno.

4 Quali studenti?   . . . . fanno molto rumore
                          e disturbano gli altri.

X III   The same problem as before, but this time answer a little differently:

Quali comodità?   Le comodità delle case moderne.

1 Quali rumori?   . . . . cortili.
2 Quale macchina?   . . . . studente americano.
3 Quale appartamento?   . . . . amica di Giorgio.
4 Quale negozio?   . . . . mio amico.
5 Quali bambini?   . . . . signora che abita al
                         secondo piano!
6 Quali odori?   . . . . cucine . . . . altri!!
7 Quale svantaggio?   . . . . perdere . . . . !!!

Può parlare piano, per favore? Sento benissimo.

X IV   Finish these sentences:

1 Franca non è costretta a prendere l'autobus ogni giorno perchè . . . .

12

2 Il quartiere dove Franca abita è come un piccolo villaggio perchè. *[handwritten: Tutti i negozianti ti conoscono ...]*

3 Non è difficile trovare un idraulico o un falegname perchè. *[handwritten]*

4 Il riscaldamento centrale è necessario anche a Roma perchè. *[handwritten]*

5 Non si sente nessun rumore tra un appartamento e l'altro, come nelle
    case moderne, perchè. *[handwritten]*

6 È bello vivere in questo quartiere, soprattutto perchè. *[handwritten: c'è possibilità di comunicare e il vello umano ...]*

7 Ma c'è anche lo svantaggio. *[handwritten: ... la perdita della propria vita privata]*

V   Talk about yourself. Here is a framework for the answers, but say more
if you can manage it.

1 Dove abita Lei?   È una città?   un villaggio?   Dov'è?
   Io abito a . . . . .   È una grande città. (È un piccolo
                                      paese vicino a . . .)   (È un
                                      villaggio vicino a . . .).

2 È bello vivere lì?

   Sì, è bello vivere lì perchè . . .   è troppo grande.
   No, non è bello vivere lì   c'è troppo rumore.
       perchè . . .   ci sono molti grandi negozi.
                                          c'è possibilità di comunicare con la
                                          gente.

3 Per andare al lavoro, Lei deve usare la macchina?
                        Lei deve prendere il treno?
                        Lei deve prendere l'autobus?

4 Può anche andare a piedi?

Devo	usare la macchina
	prendere il treno
Non devo	prendere l'autobus
Posso	andare a piedi
Non posso	

                                        ogni giorno perchè . . . .

   il posto dove lavoro è   vicino alla mia casa.

                                   lontano dalla mia casa.

   (lavoro a casa, per cui non devo uscire per andare al lavoro.)
   (non lavoro più. Sono in pensione.)

There is an Italian saying which means that people are basically the same
everywhere   **Tutto il mondo è paese**

IMPRESSIONI DI ROMA

Una signora romana   Ma come che rappresenta! Rappresenta tutto, la bellezza, tutto. Per me tutto è Roma. Io senza Roma non potrei vivere.

Domenico Modugno   Roma per me ha una sensazione [feeling] di un..., di una città nella quale si sta sempre in vacanza. Si sta in vacanza d'estate, si sta in vacanza d'inverno, si sta in vacanza in autunno, in primavera. Si può stare a Roma anche senza far niente. Cioè, alcune persone scelgono il posto per andare in vacanza, invece io scelgo Roma per stare tutto l'anno in vacanza.

Maria Laura   Da quanti anni abita a Roma?
Dottor Virgili   Da quando sono nato, da trentasei anni.
Maria Laura   E Le piace vivere a Roma?
Dottor Virgili   Indubbiamente. [undoubtedly - certainly]
Maria Laura   Roma è una città in cui è difficile vivere, è vero?
Dottor Virgili   È difficile vivere perchè c'è molta gente, perchè è molto popolosa (1), perchè c'è molto traffico, ma è facile vivere sotto altri aspetti. È ricca di..., di cenni storici, è ricca di monumenti, è ricca di cordialità [cordiality], è ricca di sole, di buona temperatura.
Maria Laura   Roma è una città che non si dimentica. È d'accordo?
Dottor Virgili   Sì, posso essere d'accordo, ma non vorrei essere tacciato di campanilismo. [bell tower] Io sono nato a Roma e per me Roma è una bella città, non la più bella, ma è la mia città.

Maria Laura   Paola, ti piace vivere a Roma?
Paola   No.
Maria Laura   Non ti piace?
Paola   No.
Maria Laura   Come mai?
Paola   Perchè c'è troppo odore di smog.
Maria Laura   Troppe macchine?
Paola   Mm.
Maria Laura   Ma tu vivi al centro o alla periferia?
Paola   Al centro.
Maria Laura   Senti, se ti dicono di scegliere tra vivere a Roma e vivere in campagna, nelle Marche, dove tu vai d'estate, tu che cosa scegli?
Paola   Campagna.
Maria Laura   Perchè a Roma non ti piace stare?
Paola   No, perchè quando sono fuori non ci stanno [sono] tante macchine e posso andar dove voglio.

14

Maria Laura Signora, Lei trascorre l'estate in campagna, a Gubbio. Perchè Le piace vivere in campagna?

Sig.ra Salvati Eh, l'aria, l'aria (*L'aria . . .*) Ma poi mi piace molto qui, quando vengo qui.

Maria Laura Lei è proprio appassionata di Roma (*di Roma*). Il traffico a Roma Le dà molto fastidio, La preoccupa, adesso?

Sig.ra Salvati Adesso sì, certo, anche a vederlo mi dà un po' di fastidio, a vederlo da lontano, dalla finestra. Sa che quando esce il Papa, passa sempre di qua. È una bellezza, tutti i motociclisti intorno di qua e di là.

Quando esce il Papa . . .

Un signore Cosa penso dei romani? I romani sono delle persone abbastanza <u>socievoli</u>, disposte alla conversazione quando sono disposte alla conversazione, cioè quando ne hanno voglia. Altrimenti non conversano e non c'è niente da fare. Comunque sono . . ., nei confronti degli altri cittadini, diciamo, a livello europeo, sono molto più socievoli, per esempio, dei parigini o dei tedeschi o anche degli inglesi.

Una signorina Io amo molto i gatti. Ce ne sono moltissimi in tutti questi ruderi romani e la cosa più divertente, veramente la cosa che mi piace più di ogni altra, è quella di vedere la sera, verso le cinque o le sette, delle vecchiette che si preoccupano di dare del cibo a queste povere bestie che altrimenti non possono vivere. E i gatti sono . . ., sono molto divertenti perchè sembrano riconoscere la loro vecchietta. Naturalmente conoscono l'ora in cui la vecchietta viene e sono lì tutti insieme e si affollano intorno a questi cartocci pieni di questa carne. E io debbo ammettere che molte volte mi fermo a una certa distanza a vedere questi spettacoli che mi sembrano di una poesia eccezionale. Sotto il Foro Romano, sotto l'Arco di Costantino, o nel pieno centro di Roma, c'è un' oasi di pace, c'è un' oasi di . . ., di altri tempi. La povera vecchietta, con una borsa carica di carne, e questi gatti miagolanti che mangiano questa carne.

PAROLE ED ESPRESSIONI

Ma come che rappresenta! — What do you mean 'What does it represent?'!

non potrei — I couldn't, I wouldn't be able to
nella quale = in cui — in which
senza far niente — without doing anything
scelgo, scelgono — I choose, they choose
da quanti anni abita a Roma? — how long have you been living in Rome?

da quando sono nato — since I was born
sotto altri aspetti — in other respects
è ricca di cenni storici — it's rich in historical associations
non vorrei essere tacciato di campanilismo — I wouldn't like to be accused of **campanilismo**
Come mai? — Why? (with a note of surprise)
Senti. Se ti dicono di scegliere... — Listen, if you had to choose...
Senti is a **tu** form. The **Lei** form is **senta**

non ci stanno = non ci sono
La preoccupa? — does it worry you?
anche a vederlo da lontano — even seeing it from a distance
passa sempre di qua — always passes this way
è una bellezza — it's a lovely sight
di qua e di là — on either side
quando ne hanno voglia — when they feel like it
non c'è niente da fare — there is nothing to be done
nei confronti di — in relation to, in comparison with
ce ne sono moltissimi — there are a lot of them
la cosa che mi piace più di ogni altra è quella di vedere la sera... — what I like better than anything else is to see in the evenings...
che si preoccupano di dare del cibo — who take the trouble to give food
si affollano intorno a questi cartocci — they crowd around these paper bags
mi fermo... a vedere... — I stop... to see...

VITA E AMBIENTE

Campanilismo

This is the spirit of the bell tower, **il campanile**, which dominated the piazza of the mediaeval Italian city-state and symbolized its unity and solidarity. In the course of the many wars and struggles of these states to keep themselves independent of powerful and ambitious neighbours, **campanilismo** came to denote a certain narrow-minded fanaticism which sees no further than the interests of its own community. Nowadays, the word is most likely to be used to reproach a person who sets his own **paese**, its customs, its cooking, its wine or its football team above all others as a matter of principle.

Le Marche
One of the twenty regions of Italy, important for its agriculture and fisheries. Its capital is Ancona.

Gubbio (Umbria)
This is one of the few mediaeval hill-towns to preserve their original character.

Quando esce il Papa . . . . .
When the Pope leaves the Vatican, which is not often and only on official occasions, he has an escort of policemen on motorcycles. Before the signing of the Concordat in 1929 the Vatican did not recognise the existence of an Italian government, as Rome had been taken by assault in 1870. Now that the Italian State is recognised, it is responsible for the Pope's safety outside the Vatican. Hence the policemen. Signora Salvati lives in the Trastevere district near Saint Peter's, on the route the Pope would take when he leaves the Vatican.

i gatti
We are so used to cats as domestic pets that we may be a little shocked to see them running wild, as they do among the Roman ruins. However, although they are wild they are usually well fed, generally by old women who live nearby.

LA LINGUA

1 Si sta sempre in vacanza. You are always on holiday.
   Si può stare a Roma anche You can be in Rome even without
      senza far niente. doing anything.
   una città che non si dimentica a city you don't forget

These are more examples of **si** used to make generalisations.　(1.4)

2 Alcune persone scelgono il posto Some people choose the place to go
      per andare in vacanza. for holidays.

alcune, alcuni corresponds to the emphatic *some* which implies a contrast (i.e. *some* but not all).

   alcune delle comodità delle case *some* of the conveniences of modern
      moderne houses
   Alcuni dicono 'in centro', altri *Some* say 'in centro', others say
      dicono 'al centro'. 'al centro'.

3 Si preoccupano di dare del cibo They take the trouble to give food
      a queste povere bestie to these poor creatures.

Del, dello, dell', della, are used to mean *some* or *any* with singular nouns, in the same way as **dei, degli, delle** are used with plurals　(1.3):

Devo comprare	del pane	I must buy (some) bread.
Vorrei	della carne	I'd like (some) meat.
Vuole	dello zucchero?	Do you want (any) sugar?
	dell'aranciata?	Do you want (any) orangeade?

Del, dei etc., are not used after a negative:

Non ho soldi.	I haven't got any money.
Non c'è pane.	There isn't any bread.
Non mangio carne.	I don't eat meat.
Non prendo zucchero.	I don't take sugar.

4 per andare in vacanza	to go on holiday
per stare tutto l'anno in vacanza	to be on holiday all the year round

Per with an infinitive indicates purpose:

Non devo andare in un grande negozio per comprarlo.	I don't have to go to a big shop in order to buy it.
Parliamo piano per non disturbare gli altri.	Let's talk quietly so as not to disturb the others.

5 Da quanti anni abita a Roma?	How many years have you been living in Rome?
Abito a Roma da quando sono nato.	I've been living in Rome since I was born.
Sono qui da 36 anni.	I've been here for 36 years.

To indicate how long something has been going on, Italian uses **da** with the present:

Lo conosco da 6 mesi.	I've known him for 6 months.

Frequently **ormai** (*now*) is added;

Studio l'italiano da 2 anni ormai.	I've been studying Italian for 2 years now.

6 Io sono nato a Roma.	I was born in Rome.

A woman would say it slightly differently:

Io sono nata a Roma.

Nato is used like an adjective. If you want to ask someone where *he* was born you would say:

Dov'è nato Lei?

and to a woman:

Dov'è nata Lei?

Similarly

Dov'è nata Maria Laura?	Where was Maria Laura born?
È nata a Napoli.	She was born in Naples.
Dov'è nato Gianni?	Where was Gianni born?
È nato a Trieste	He was born in Trieste.

Notice you use **a** before towns and cities but you use **in** with countries:

Mio padre è nato in Scozia.   My father was born in Scotland.

7   I romani sono più socievoli   The Romans are more sociable than
      dei tedeschi ...   the Germans ...

Più di means *more than*:

la cosa che mi piace più di ogni   the thing I like more than anything
  altra   else

Più can also correspond to *most*:

non la più bella   not the most beautiful
la cosa più divertente   the most amusing thing

8   Le piace vivere a Roma?   Do you like living in Rome?
    Mi piace molto qui, quando vengo   I like it a lot here, when I come here.
      qui.

Mi piace means *I like* or *I like it*; **Le piace** *Do you like...?* or *Do you like it?*
When you talk to a child or a friend, you say **ti piace** instead, as Maria Laura
did to Paola.

9   Some common idiomatic phrases:

		in vacanza	on holiday.
I am	Sono	in campagna	in/to the country.
I'm going	Vado	in montagna	in/to the mountains.
		in centro	in/to the centre.
		al mare	at/to the seaside.

ORA TOCCA A LEI!

I   Point out that generalisations just do not apply to you:

Ora si vive bene, vero?   Alcune persone vivono bene.
Io invece vivo molto male!

1 In Italia si beve molto vino   . . . . solo acqua!
2 A Roma si mangia molto bene   . . . . pochissimo!
3 Nel quartiere si incontra molta
    gente   . . . . non . . . . . . mai nessuno!
4 In queste case si sente tutto   . . . . non . . . . niente!
5 In italiano si dice 'per favore',
    vero?   . . . . 'per piacere'!
6 D'estate si sta molto bene, vero? . . . . malissimo!
7 D'inverno si va in montagna,
    vero?   . . . . al mare!
8 A Roma si può stare senza far
    niente   . . . . devo sempre . . . . . . qualcosa!

(Ma che tipo, questo!)

II   Let's be honest about our preferences (and especially about other people's).

Per me Roma è una bella città.   Non la più bella. Ma è la mia città.
Per Gino Trastevere è un bel   Non il più bello. Ma è il suo
    quartiere.   quartiere.

1 Per me l'Inghilterra è un bel
    paese.   Non . . . .   Ma . . . .
2 Per lui Priscilla è una bella
    donna.   Non . . . .   Ma . . . . moglie.
3 Per lei Adolfo è un uomo
    affascinante.   Non . . . .   Ma . . . . marito.
4 Per noi il prof. Grassi è una   Non . . . . . . Ma . . . . professore.
    persona intelligente.
5 Per voi lui è un grand'uomo.   Non . . . . . . Ma . . . . presidente.
6 Per loro Pierino è un bravo   Non . . . . . . Ma . . . . figlio.
    ragazzo.

III   When Maria Laura talked to Paola she used the Familiar Forms (**tu, ti, vivi, senti, vai, scegli**). Imagine that Paola is ten years older and has to be addressed formally, as 'Signorina'. Rewrite Maria Laura's questions.

IV   Each of the phrases on the left (1—8) combines with one of the phrases on the right (A—H) to make a complete statement. See if you can match them.

1 È facile vivere a Roma H   A perchè non ci sono tante macchine.
2 Giuliana ama i gatti E   B gli italiani sono più socievoli.

3 Non mi piace andare in centro F   C se le vecchiette non gli danno del cibo.

4 È bello stare in campagna A   D quando sentono l'odore della carne.

5 I gatti non possono vivere C   E perchè sono divertenti.

6 Londra è una città G   F perchè il traffico mi dà fastidio.

7 Nei confronti degli inglesi B   G in cui è difficile vivere se non si conosce nessuno.

8 I gatti si affollano intorno alla vecchietta D   H perchè si ha la sensazione di stare sempre in vacanza.

V   Now talk about yourself
1 Dov'è nato Lei?
   (Dov'è nata Lei?)
2 Dove abita adesso?
3 Da quanto tempo abita lì?
4 Le piace abitare lì?
   Perchè?   Perchè no?

VI   Now talk about your preferences

Roma	a Londra	
l'Inghilterra	all'Italia	
la città	alla campagna	
la campagna	alla città	
la montagna	al mare	

Preferisco [la tabella] perchè........

I gatti di Roma preferiscono la libertà !

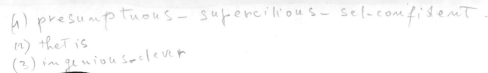

L'ENTUSIASMO CE L'HO

Some thoughts about the Florentines . . .

Un signore   I fiorentini sono gentili, appassionati d'arte, teneri. Hanno veramente tutti gli aspetti più piacevoli della personalità umana. I fiorentini non sono generalmente presuntuosi, non si danno arie. Tendono sempre a svalutare tutto, se stessi per primi. Cioè l'autocritica è una grandissima dote dei fiorentini, quella che io forse apprezzo di più.

Sig.ra Caselli   Mah, eh, non lo so. Parlano forse un po' troppo. Però anche lavorano bene, sono geniali. E sono anche qualche volta un po' sarcastici. Hanno una forma di giudizio ironico che, insomma, è un pochino forte qualche volta. E poi il loro difetto proprio tremendo è quello di bestemmiare, ecco. Questo è proprio il peggiore che hanno.

Gianni   Però bestemmiano con genialità?

Sig.ra Caselli   Mah!

Signora Caselli talks to Gianni Esposito in Florence about her work, her philosophy of life and . . . . . 'pappagalli'!

Gianni   Sono a Firenze. Sono in una antica casa fiorentina. Parlo con la signora Caselli. Posso chiedere quanti anni ha?

Sig.ra Caselli   Sì, ne ho molti, ne ho settantacinque.

Gianni   Signora, che cosa fa?

Sig.ra Caselli   Io faccio la guida turistica con grande entusiasmo. E io non sono mai stanca e sono sempre lieta, perchè amo l'umanità, anche.

Gianni   Com'è la Sua giornata?

Sig.ra Caselli   Eh, la mia giornata comincia presto, trovandomi generalmente con dei gruppi di turisti, molte volte gruppi di persone che vengono da diverse parti del mondo e parlano varie lingue.

Gianni   Per quante ore al giorno fa la guida?

Sig.ra Caselli   Le ore sono sei. Ma per me sono sempre molto di più perchè io voglio continuare un discorso, quindi sono sette, sette e mezzo a seconda come . ., come desidero io. Sono io che guido la baracca, ecco.

Gianni   Che cos'altro fa oltre che la guida?

Sig.ra Caselli   Ah, leggo, leggo tanto. Adesso leggo dei libri spagnoli perchè io guido anche in lingua spagnola, ma le mie lingue sono soprattutto l'inglese e il francese. Lo spagnolo non mi è così familiare e allora mantengo la lettura in questa lingua per poter essere sempre pronta.

Gianni   Ma signora, quante lingue sa?

Sig.ra Caselli   Io, con l'italiano, quattro. Non sono mica tante! (*Non sono tante?*).
Per una guida, no. Adesso bisogna studiare il giapponese e il russo.
Gianni   Vengono molti giapponesi a Firenze?
Sig.ra Caselli   Molti giapponesi. Adesso c'è l'invasione proprio del Giappone, sì.
Gianni   C'è un piccolo cartello appeso al muro. Io lo guardo da quando parliamo
e dice 'Un pizzico in più di buona volontà, un pizzico in più di entusiasmo, un
pizzico in più di lavoro, questa è la fortuna.' Signora, è il motto della Sua vita?
Sig.ra Caselli   Beh, somiglia molto a me, perchè io l'entusiasmo ce l'ho, la buona
volontà ce l'ho, il lavoro mi piace e allora posso dire veramente non di essere
fortunata—la fortuna è una cosa molto complessa—però di essere contenta di
aver trovato una maniera di vivere che mi soddisfa e soprattutto che soddisfa
le persone che mi stanno vicino.
Gianni   Signora Caselli, come guida turistica, ha accompagnato spesso,
immagino, gruppi di bellissime ragazze in giro per Firenze. E avete avuto
qualche incontro spiacevole con quel mitico animale italiano che si chiama
'il pappagallo'?
Sig.ra Caselli   Sì, moltissime volte, e dico la verità, non solo un esemplare ma
molti esemplari sempre riuniti insieme che formano proprio degli stormi di
pappagalli e quando si arriva, per esempio, a ammirare un panorama, eccoli
che circondano le fanciulle. Ma devo dire la verità, se la volete, la mia verità.
Molte volte sono le fanciulle che sono molto contente di essere assalite dai
pappagalli.

In giro per Firenze con la signora Caselli.

Gianni   Ho capito. Quali sono le donne più sensibili ai pappagalli, più sensibili,
nel senso più cedevoli? Le inglesi, le americane, le giapponesi, le francesi, le
italiane?
Sig.ra Caselli   Io escluderei le italiane perchè ormai sono abituate e non fanno più
caso a questo, mentre io credo che il famoso Latin Lover—ossia l'amante
latino, il galante, l'adoratore latino—è sempre un gran punto per le giovani
turiste inglesi, americane, svedesi, nordiche. Proprio loro—almeno così mi è
stato detto—pongono nel piano, nel programma della loro gita, del loro
viaggio, anche un incontro eventualmente sentimentale.

PAROLE ED ESPRESSIONI

non si danno arie	they don't give themselves airs
se stessi per primi	themselves first of all
il loro difetto proprio tremendo ...	their really terrible defect ...
	Tremendo usually means *terrible* **Terribile** on the other hand often means *tremendous*
Quanti anni ha?	How old are you?
trovandomi ... con dei gruppi di turisti	when I am (lit. finding myself) with groups of tourists
a seconda come desidero io	according to how I want it
sono io che guido la baracca, ecco	*I'm* the one who runs the show, you see
mantengo la lettura	I keep up my reading
non sono mica tante	it's not all that many. **Mica** is a strong negative word; **Non è mica stupido** (*He's not stupid, you know*)
appeso al muro	hanging on the wall
Io lo guardo da quando parliamo.	I've been looking at it since we've been talking. (See 2.5 for **da** with the present)
un pizzico in più di ...	a little bit more ...
somiglia molto a me	it's very much like me
io l'entusiasmo ce l'ho	I *have* enthusiasm
posso dire ... di essere contenta ... di aver trovato ...	I can say I am pleased to have found ...
le persone che mi stanno vicino	the people who are close to me
in giro per Firenze	around Florence
avete avuto qualche incontro spiacevole?	have you had any unpleasant encounters?
eccoli che circondano le fanciulle	there they are surrounding the girls
sono le fanciulle che sono molto contente di essere assalite dai pappagalli	it's the *girls* who are very pleased to be accosted by the 'pappagalli' *significa fisicamente*
ho capito	I understand, I see
io escluderei	I would exclude
non fanno più caso a questo	they don't take notice of it any more
un gran punto	a big thing
così mi è stato detto	so I've been told
pongono nel piano della loro gita anche un incontro eventualmente sentimentale	include in the plan of their trip the possibility of a romantic meeting. **Eventualmente** means *possibly*

VITA E AMBIENTE

La guida turistica

Some guides in Italy are really experienced and enthusiastic about their job, which they consider a kind of mission. To become an official guide you have to pass a state examination in art, history and languages.

bestemmiare

Bestemmiare means *to blaspheme*, which is by far the worst type of swearing in Italian. It often consists in using the name of God or a saint or the Madonna in an irreverent context. It is a serious matter in Italy, and you can even be fined for it.

Blasphemy apart, the other kind of word which is not considered proper in the drawing-room is called **una parolaccia**. To swear in the sense of using four-letter words is **dire parolacce**.

Il pappagallo

This parrot is a kind of 'wolf'! This particular pest is called a **pappagallo** because, like a parrot, he picks up a few words of a foreign language and uses them over and over again. He is as much a figure of fun in Italy as he is abroad!

LA LINGUA

1 Le ore sono sei. Ma per me sono sempre di più.

    The working day is 6 hours. But for me it's always a longer one.

At the end of a phrase **di più** is used instead of **più**:

Trastevere è il quartiere che mi piace di più.

    Trastevere is the district I like most.

Note how **più** means either *more* or *most*.

2 il loro difetto proprio tremendo	their really terrible defect
questo è proprio il peggiore che hanno	this is really the worst thing about them
c'è l'invasione proprio del Giappone	there's a real Japanese invasion

Proprio is a very commonly used emphatic word:

Ci vado proprio adesso	I'm going there right now
È proprio per questa ragione che lo faccio	It's precisely for this reason that I'm doing it
Sento proprio il bisogno di mangiare qualcosa	I really feel the need to eat something

In the phrase **proprio degli stormi di pappagalli**, **proprio** reinforces the idea of **stormi** (*flocks*) and the play on the two meanings of **pappagalli**.

3 Com'è la Sua giornata?	What's your day like?

Com'è is used to ask what something or somebody is like.

Com'è il Suo lavoro? È duro?	What's your work like? Is it hard?
Com'è la signora Caselli?	What sort of a person is Signora Caselli?

4 Io faccio la guida turistica.	I am a tourist guide.

Fare is used quite a lot in the sense of *to work as*:

Che cos'altro fa oltre che la guida?	What else do you do besides working as a guide?
Faccio anche l'interprete.	I am an interpreter as well.

5 Per quante ore al giorno fa la guida?	How many hours a day do you work as a guide?

Notice the very common idiomatic use of **a** in **al giorno**. Here are some more examples:

Lavoro otto ore al giorno.	I work eight hours a day.
La vedo due volte alla settimana.	I see her twice a week.
Ci vado tre volte al mese (all'anno).	I go there 3 times a month (a year).

6 Sono io che guido la baracca.	*I'm* the one who runs the show.

If someone asks **Chi c'è?** (*Who's there?*), or **Chi è?** (*Who is it?*) you could answer **Sono io** (*It's me*). If it's your friend, you could say **È il mio amico**. Notice that the verb agrees with its subject (**io, il mio amico**), which follows the verb for greater emphasis.

Molte volte sono le fanciulle che sono contente.	Often it's the *girls* who are pleased.
Sono i pappagalli che danno fastidio alle ragazze.	It's the *pappagalli* who pester the girls.

7 Le mie lingue sono soprattutto   My languages are above all English
    l'inglese e il francese.   and French.

    Lo spagnolo non mi è così familiare.   Spanish isn't so familiar to me.

The definite article (**il**, **lo**) is generally used with the names of languages:

    Adesso bisogna studiare il   Now it's necessary to study
      giapponese e il russo.   Japanese and Russian.

    Il tedesco è molto più difficile   German is much more difficult than
      dell'italiano.   Italian.

But it is not used after **parlare** in sentences like:

    Parlo italiano.   I speak Italian.

    Sa parlare inglese?   Can you speak English?

8 Ce l'ho.   I *have* it (accent on 'have').

    Ce l'ho io.   *I* have it (accent on 'I').

    Ce l'ha Lei?   Have *you* got it?

    Ce l'abbiamo noi.   *We've* got it.

    Ce l'hanno i ragazzi.   *The boys* have it.

Notice the change of emphasis, when the subject (**io**, **Lei**...) follows the verb (Note 6). **Ce** is nearly always put before **l'**, **li**, **le** when they are used with **avere**. This **ce** has no meaning.

    Io l'entusiasmo ce l'ho, la buona volontà ce l'ho.

When you put the object (here **l'entusiasmo**, **la buona volontà**) *before* the verb it is usual to take it up again with an object pronoun (**lo**, **la**, **li**, **le**):

    l'entusiasmo ce l'ho

    le chiavi non **le** trovo   I can't find the keys (lit. the keys I
      can't find them).

    I pappagalli non **li** posso vedere   I can't stand 'pappagalli'.

9 con dei gruppi di turisti   with groups of tourists

    le giovani turiste inglesi ...   the young English tourists ...

Turisti refers to tourists in general and is therefore masculine plural, but **turiste** refers specifically to female tourists. The singular ends in **–ista** in both cases:

il turista	the tourist (male)	la turista	the tourist (female)
i turisti	the tourists (male or mixed)	le turiste	the tourists (female only)

The same pattern is followed by other words which end in **–ista** (**realista**, **idealista**, **egoista**, **socialista**, **comunista**, etc.).

There are some words in Italian ending in **–a** which are always masculine. Most end in **–ma**: **il panorama**, **il problema**, **il sistema**, **il programma**, **il telegramma**. The plurals end in **–i**: **i problemi**, **i programmi**, etc. And remember **il Papa** *the Pope*, plural **i Papi**. But **il cinema** has the plural **i cinema**.

10 Sono le fanciulle che sono molto
contente di essere assalite dai
pappagalli.

It's the girls who are very pleased
to be assailed by the pappagalli.

Assalito is the past participle of the verb **assalire**, to assail, assault. (For past participles see page 201). Here it is used like an adjective, agreeing with **le fanciulle**. Here are some more examples of past participles being used in this way:

Anna non è sempre contenta di
essere fermat**a** dai pappagalli.

Anna is not always pleased to be
stopped by 'pappagalli'.

Le donne nordiche sono molto
apprezzat**e** dagli uomini latini.

Nordic women are greatly
appreciated by Latin men.

I disoccupati sono mantenuti dallo
Stato.

The unemployed are supported by
the State.

Notice how past participles used in this way can often be followed by **da** meaning by.

ORA TOCCA A LEI!

I   Adolfo, Priscilla, their sons Franco and Giorgio and the two girls have just got off the train. Adolfo goes off to find a porter and comes back . . . to find his suitcase is missing.

ce l'ho, ce l'hai, ce l'ha;   ce l'abbiamo, ce l'avete, ce l'hanno

1   Dov'è la mia valigia?   F: . . . .   Giorgio.

2   Giorgio! Tu hai la mia valigia?   G: No, io non . . . .

3   Allora, chi . . . .   G: Probabilmente. . . . . .le ragazze.

4   Ragazze! Dov'è la mia valigia?
      . . . . .voi?   R: No, noi non. . . . .

    Ma non la trovo! Dov'è?
      Priscilla!   P: Eccomi, caro! Cosa vuoi?

5   La mia valigia, sai dov'è?   P: Sì,. . . . . io!

6   . . . . tu?!!   Perchè non me l'hai detto prima?!!
                                             (Why didn't you tell me before?!!)

II   Slightly changing something Signora Caselli said, we get:

Le fanciulle sono molto contente di essere assalite dai pappagalli.

Use the same pattern to complete these sentences. For example:

Il fratello di Gino lo aiuta sempre, e Gino è sempre *contento di essere aiutato dal fratello*.

I pappagalli fermano tutte le ragazze straniere. Ma non tutte le ragazze straniere *sono contente di essere fermate dai pappagalli*.

1   La madre di Anna la accompagna dappertutto. Ma lei non è sempre. . . . . .

2   Le ragazze lo adorano; e bisogna ammettere che lui è molto . . . .

3 Gli amici di Elena la aiutano molto, e lei è molto.............................
4 La moglie di Adolfo lo chiama ogni sera. Ma Adolfo non è sempre.........
5 Lo Stato mantiene i disoccupati. Sì, ma non tutti i disoccupati............

III 1 La signora Caselli ha 75 anni, ma sembra molto più giovane.
Lei è d'accordo o no? Perchè?

2 Qual è la sua qualità che Le piace di più?

3 Come si può definire la sua filosofia?
(È ottimista, pessimista? realista? fatalista?........................)

4 Ha anche Lei una filosofia personale? Qual è?

5 Cosa pensa Lei dei pappagalli? (Bisogna prenderli sul serio, o no? Fanno
una brutta impressione? Sono divertenti o danno fastidio?)

6 Le giovani turiste inglesi, secondo Lei, incoraggiano i pappagalli?
(Tutte? Alcune di loro? Non molte?)

7 La signora Caselli dice che le ragazze italiane non fanno più caso ai
pappagalli. Perchè no?

8 Secondo Lei, il pappagallo è tipico dell'Italia, oppure è un tipo che si
trova anche in altri paesi?

Solo per le donne:

Dica la verità. Se un pappagallo La ferma, Lei è contenta o no?

One way of getting rid of a pappagallo might be to say to him:
Un attimo, vado a prendere la mamma!

IL TRAFFICO A ROMA

Franca Bizzoni talks about traffic problems in Rome

Maria Laura Signorina, che lavoro fa Lei?

Sig.na Bizzoni Insegno inglese in una scuola media.

Maria Laura La scuola dove Lei insegna è molto lontana da casa Sua?

Sig.na Bizzoni Sì, circa 20 minuti di macchina, 20, 20 . ., 25, dipende dal traffico.

Maria Laura Da quanto tempo guida?

Sig.na Bizzoni Guido da tre anni circa, ma ho la patente da più di cinque anni.

Maria Laura Le piace guidare?

Sig.na Bizzoni Ah moltissimo. Non nel traffico caotico di Roma però.

Maria Laura Qual è . . . Secondo Lei, qual è il motivo di questo traffico così caotico?

Sig.na Bizzoni Ce ne sono molte, di ragioni. Prima di tutto, i romani amano andare in macchina, e non usano così frequentemente i mezzi di trasporto pubblici. Si vedono lunghe file di macchine al mattino con una sola persona per ogni macchina, il che vuol dire che c'è un numero di macchine in movimento estremamente alto su una popolazione di circa tre milioni di abitanti. Quindi questo può essere un motivo. La seconda ragione, secondo me, è che tutti hanno fretta, e . . ., e sono poco disciplinati – siamo, direi – poco disciplinati. Le corsie riservate ai taxi e agli autobus sono regolarmente percorse dagli automobilisti. E le macchine sono parcheggiate dovunque. Qualche volta anche in mezzo alla strada.

Maria Laura Anche sui marciapiedi.

Sig.na Bizzoni Anche sui marciapiedi, sì.

Maria Laura In terza fila.

Sig.na Bizzoni In terza fila. Come capita. Il che significa che il . ., l'automobilista che deve passare su una strada, già di per sè stretta, non riesce a passare, non, non . . ., il traffico si ingolfa per questo motivo perchè deve rallentare la sua marcia. Inoltre, specialmente il centro di Roma è molto antico, e . . ., ed ha strade molto strette, strade che risalgono ai tempi in cui si andava in giro in carrozza o a cavallo, e non in macchina o in autobus, perciò sono strette. Hanno tentato di risolvere questo problema, facendole tutte a senso unico, ma non basta, secondo me. Quando passano due o tre macchine sulla stessa strada, stretta com'è al massimo 3–4 metri di larghezza, diventa veramente un problema; non si passa. E con le macchine parcheggiate su entrambi i lati poi, diventa veramente impossibile. (*Quindi* . . .) Questo rende caotico il traffico.

Maria Laura Quindi a Roma devono . . . dovrebbero bloccare l'ingresso delle macchine nel centro . . . storico, vero?

Sig.na Bizzoni Ma questo significa rendere Roma secondo me una città morta.

Maria Laura Come donna che guida Lei ha mai avuto dei problemi a Roma?

Sig.na Bizzoni   No, non direi. Le donne che guidano sono . . ., non sono considerate molto bene dagli uomini.

Maria Laura   Anche a Roma!

Sig.na Bizzoni   Anche a Roma, sì. Ma c'è una cosa strana: anche le donne che guidano parlano male delle donne al volante, escludendo se stesse, naturalmente. Cioè io tendo a dire, e lo dico abbastanza spesso: 'Ma guarda come guida quella!' con aria di disprezzo, no? 'Ah beh, certo, è una donna, ha commesso un errore, sbaglia spesso perchè è una donna'. Naturalmente quando dico questo, escludo me stessa come guidatrice.

Maria Laura   Lei si considera un asso del volante?

Sig.na Bizzoni   Mi considero bravina.

Maria Laura   Specialmente nei parcheggi? So che a Roma è difficilissimo parcheggiare la macchina.

Sig.na Bizzoni   Ma io ho una macchina piccola e trovo facilmente posto. Più che facilmente, trovo dei posti anche molto piccoli come spazio, nei quali riesco a piazzare la mia macchinina.

Maria Laura   E Le è mai capitato di avere una multa?

Sig.na Bizzoni   Sì, io prendo solo multe per divieto di sosta.

Maria Laura   È molto comune avere una multa?

Sig.na Bizzoni   Normale, direi!

Strade che risalgono ai tempi in cui si andava in giro in carrozza . . .

PAROLE ED ESPRESSIONI

molto lontana da casa Sua	very far from your house — **casa mia**, **casa Sua** are often used for *my house*, *your house*
circa 20 minuti di macchina	about 20 minutes by car
dipende dal traffico	it depends on the traffic. (Notice the use of **da**)
andare in macchina	to go by car (also **andare in treno**, **in autobus**, **in aereo**).
al mattino	in the morning
il che vuol dire . . .	which means . . . (the same as **il che significa** later on).
su una popolazione di circa tre milioni di abitanti	out of a population of about 3 million. (Notice **di** after **milioni**)
tutti hanno fretta	everyone's in a hurry
poco disciplinati	undisciplined
le corsie riservate ai taxi e agli autobus sono regolarmente percorse dagli automobilisti	the special lanes reserved for taxis and buses are regularly used by motorists
in terza fila	treble parked, in 3 rows.
come capita	anywhere, wherever they can. **Capitare** is used in a lot of idiomatic expressions: **Lei lavora fino a tardi? Come capita** (*From time to time. As the need arises.*)
una strada, già di per sè stretta	a road which is narrow enough as it is
deve rallentare la sua marcia	he must reduce speed
strade che risalgono ai tempi in cui si andava in giro in carrozza o a cavallo	streets which go back to the time when people used to go around in carriages or on horseback
facendole tutte a senso unico	by making them all one way
non basta	it's not enough. **Basta così, grazie** *That's enough, thank you*
stretta com'è al massimo 3—4 metri di larghezza	no more than 3 or 4 metres wide, as it is
su entrambi i lati	on both sides — You can also say: **da una parte e dall'altra** **Da questa parte** *on this side,* **dall'altra parte** *on the other side.*
questo rende caotico il traffico	this makes the traffic chaotic
dovrebbero	they should, ought to
escludendo se stesse	excluding themselves. **Se stessi, se stesse** is a very emphatic way of saying *themselves*
ma guarda come guida quella!	just look how that woman's driving!

escludo me stessa	I exclude myself. (**Me stesso**, **me stessa** is an emphatic way of saying *myself*)
un asso del volante	an expert driver
mi considero bravina	I consider myself not bad
nei parcheggi	when parking
più che facilmente	more than easily
come spazio	as far as space is concerned
nei quali riesco a piazzare la mia macchinina	in which I manage to fit my little car (**macchinina** *little car*)
Le è mai capitato di avere una multa?	have you ever been fined?

N° 08225

Spazio per la causale del versamento.
(La causale è obbligatoria per i versamenti
a favore di Enti e Uffici pubblici).

Comando Vigili Urbani - Senigallia

Preavviso di accertamento di violazione

all'art. 4

del e d

MOTIVO: S.to Vietat

Auto ~~Moto~~ N. di targa

Tipo

Via BATTISTI

Senigallia, li 11-8-13 ore 19,30

IL VIGILE URBANO N. 38

Per l'oblazione vedi note a margine.

io prendo solo multe per divieto di sosta	I only get fines for illegal parking **Divieto di sosta** (or **sosta vietata**) is No Parking

VITA E AMBIENTE

There are several kinds of schools — **scuola materna** or **asilo** (nursery school), **scuola elementare** (primary — from 6 to 10 or 11), and **scuola media** (secondary — 11 to 13 or 14), which completes compulsory schooling in Italy. After that there are the **liceo classico**, the **liceo scientifico** and other more professionally orientated schools. The curriculum is rigid. For instance in the **liceo classico** Latin and Greek are compulsory and in the **liceo scientifico** you must take a modern language.

il traffico

The big problem in Rome is finding a place to park your car, as there are very few official car parks. On the whole you have to leave your car in the street, and risk getting a ticket, as the 'disco orario' system doesn't allow you to park in the centre for more than one hour at a time. There are no parking metres in Rome. In some places you will find a self-appointed parking attendant (**un posteggiatore abusivo**) who will look after, and even park, your car for you, but he will expect to be tipped for his services !

la patente

You can't get a driving licence in Italy until you're 18. A learner would first get a provisional licence, **un foglio rosa** (so called because it is pink) which enables him to drive accompanied by an experienced driver. After 6 months he can take the test which is in 2 parts: practical and theoretical. The theoretical part covers the highway code (**il codice della strada**) and the workings of the car engine. The driving licence is a kind of identity card showing the age, place of birth, address and even a photograph of the holder.

LA LINGUA

1 Ce ne sono molte (di ragioni).   There are a lot (of reasons).

When **ne** is used with **ci sono**, **ci** changes to **ce**:

Quanti gatti ci sono nei ruderi romani? Ce ne sono moltissimi.

Quante macchine ci sono nella strada? Ce ne sono pochissime.

C'è becomes **ce n'è**:

Quanti alberghi ci sono in questo paese?	How many hotels are there in this town?
Ce n'è uno solo.	There's only one.
Quante pensioni ci sono in questa strada?	How many 'pensioni' (small family hotels) are there in this street?
Ce n'è una sola.	There's only one.

2 Si vedono lunghe file di macchine.   You see long lines of cars.

This is the use of **si** for generalisations (1.4) but this time the verb with **si** is plural (**vedono** instead of **vede**). Compare:

Si vede un grande palazzo.   You can see a large block of flats.

and

Si vedono molti grandi palazzi.   You can see many large blocks of flats.

In the first example **vede** is used because what you see (i.e. **un grande palazzo**) is singular. In the second example, what you see (i.e. **molti grandi palazzi**) is plural so **vedono** is used.

Che cosa si vede dalla finestra del salotto?	What do you see from the sitting-room window?
Nel cortile si vedono bambini che giocano.	In the courtyard you can see children playing.
Nelle ore di punta si vedono lunghe file di macchine.	In the rush hours you can see long queues of cars.

3 Ha commesso un errore.   She's committed an error.

Commesso is the past participle of **commettere**, *to commit*.

Verbs with infinitives ending in —**ere** form their past participles in various ways but there are some important groups:

(i)   past participles in —**sso**

mettere	to put	messo
smettere	to stop (doing something)	smesso
rimettere	to put back	rimesso
promettere	to promise	promesso

Dove ha messo il mio passaporto?	Where have you put my passport?
L'ho rimesso nella valigia.	I've put it back in the case.
E che cos'ha messo nella borsa?	And what have you put in the bag?
Non ci ho messo niente.	I haven't put anything in it.
Ho smesso di fumare.	I've stopped smoking.

(ii) past participles in —**sto**

vedere	to see	visto
chiedere	to ask	chiesto
rispondere	to answer	risposto

Lei ha visto quel film?	Have you seen that film?
Sì, l'ho già visto due volte.	Yes, I've already seen it twice.
Gino mi ha chiesto di aiutarlo.	Gino has asked me to help him.
Non gli ho ancora risposto.	I haven't answered him yet.

The perfect (see page 201) is often used with words like **ancora** (yet, still), **mai** (ever, never), **già** (already), **finora** (up to now).

L', **gli**, **le**, **ci**, **ne**, etc., always come immediately before the verb **avere**.

L'ha visto?   No, non l'ho ancora visto.

(iii) past participles in —**tto**

scrivere	to write	scritto
leggere	to read	letto

Note also: dire—detto.   fare—fatto.

Giorgio ha scritto un romanzo. È bello?	Giorgio has written a novel. Is it good?
Non lo so. Non l'ho ancora letto.	I don't know. I haven't read it yet.
Finora non mi hanno detto niente.	So far they haven't told me anything.

Avete fatto quel lavoro?		Have you done that job?
Ne abbiamo già fatto metà		We've already done half of it.

(iv) Some past participles in —**uto**

avere	to have	avuto
ricevere	to receive	ricevuto
tenere	to hold, keep	tenuto
vivere	to live	vissuto

Non abbiamo mai ricevuto una lettera da lui.	We have never received a letter from him.
Il rumore mi ha tenuto sveglio tutta la notte.	The noise has kept me awake all night.
Non hanno mai vissuto all'estero.	They've never lived abroad.

4 Dovrebbero bloccare l'ingresso delle macchine nel centro.	They ought to close the centre to traffic.

Dovrebbero is rather less dogmatic than **devono**, *they must*.

Dovrebbero essere molto più severi con le persone che parcheggiano in mezzo alla strada.	They should be much stricter with people who park in the middle of the road.
Non dovrebbero usare la macchina nelle ore di punta.	They shouldn't use their cars in the rush hours.
Dovrebbero usare i mezzi di trasporto pubblici.	They should use public transport.
Dovrebbero ridurre le tasse e abolire la disoccupazione!	They should reduce taxes and do away with unemployment!

Bisogna is similar in meaning, but the emphasis is not so much on what 'they' should do as on what I, you or we should (or must) do:

Bisogna studiare il giapponese.	I must (need to) study Japanese.
Bisogna cercare di capire i problemi dei giovani.	We should (must) try to understand the problems of young people.
Non bisogna far caso ai pappagalli.	You shouldn't (mustn't) take any notice of pappagalli.
Non bisogna prenderli sul serio.	You mustn't take them seriously.

ORA TOCCA A LEI!

I   Giorgio's life is a little irregular and his friends none too discreet. Put in the past participles of **avere, dire, parlare, ricevere, scrivere, vedere.** Some are used twice:

Ho visto Giorgio.	Quando l'hai visto?
1 L'ho .... proprio stamattina	Hai .... con lui?

2 Sì, abbiamo .... a lungo   Che cosa ti ha .... ?

3 Mi ha ....che domani va a   Perchè?
  Roma

4 Ha......una lettera da sua moglie   Cosa gli ha .... ?

5 Gli ha .... che aspetta un   Da quanto tempo?
  bambino.
  Già da due mesi   È il primo?

6 No, sua moglie ha già............   Una bambina? Quanti anni ha?
  una bambina.

7 Ha già cinque anni.   Come cinque?! Giorgio è sposato
                         solo da due anni!

   Ah, davvero?

II   To stand and stare

Put in the appropriate parts of **fermarsi**:

1 Cosa fa Gino quando vede una
  bella ragazza?   .... a guardarla.

2 E Giulia?   Lei invece...........quando vede un
               bell'uomo.

3 Gli uomini........sempre   Non sempre, ma.........molto
  quando vedono delle belle   spesso.
  ragazze?

4 E le donne, che fanno quando   Le donne non ....mai
  vedono degli uomini   (ma guardano lo stesso!).
  affascinanti?

5 E Lei?   Io?! Io non.......................mai!

Si vede che Lei è una persona seria!

III   Stefano was born in Florence and came to live in Rome 11 years ago. He
teaches Spanish and he also works as an interpreter. He has known Gino for about
six years. Answer some questions about him:

1 Dov'è nato Stefano?   ....

2 Da quanti anni abita a Roma?   Ci.............................ormai.

3 Da quanto tempo insegna lo   Lo.......................due.........
  spagnolo?

4 Da quanti anni lavora come   ....quasi cinque......
  interprete?

5 Da quanto tempo conosce Gino?   Lo....................circa..........

6 Da quanti anni guida?   ....più di quattordici......

7 Da quanto tempo ha la   Ce l' .... tre..............
  macchina?

8 Come si chiama sua moglie?   ....Lucia.

9 Quanti figli hanno?   ....due, un bambino,
                                          e una bambina.

10 Come si chiamano?   ....Giorgio e.............Anna.

IV   Lucia's just been to look at a flat on the Tiber embankment (**il lungo-
      tevere**). Stefano wants to know all about it.
      Com'è l'appartamento?   È bellissimo!
  1   Quante stanze ci sono?   ....sette.
  2   E quanti bagni?   .... uno solo. Ma basta,
                                          no?

  3   Hai detto che è al primo piano.
      Si sente molto rumore?   No. ....niente.
  4   Ma c'è molto traffico, no?   È vero che nelle ore di punta.........
                                          lunghe file di macchine ma.........
                                          proprio niente!

  5   Ci sono molti bambini nel   ....pochi.
      palazzo?
  6   Che cosa .... dal balcone?   ....un panorama bellissimo.
  7   Mm. C'è molto verde intorno?   ....molto, dall'altra parte del
                                          Tevere.
  8   Ah! ...... anche il Tevere?!   Come no?! Il palazzo è situato
                                          proprio sul lungotevere.
      Perchè non me l'hai detto prima? Andiamo a vederlo subito!

V 1   La scuola dove Franca insegna è molto lontana da casa sua?
   2   A Roma c'è un traffico caotico. Perchè?
   3   Secondo Franca, non dovrebbero bloccare l'ingresso delle macchine
       nel centro storico. Perchè?
   4   Che cos'hanno fatto per risolvere il problema del traffico nel centro di
       Roma?
   5   E Lei ha la macchina? Da quanto tempo?
   6   Da quanto tempo ha la patente?
   7   Lei usa la macchina spesso? Per quale motivo la usa?
   8   Secondo Lei, qual è la soluzione del problema del traffico nelle grandi
       città?
      Secondo me, i mezzi di trasporto pubblici dovrebbero essere gratis.
                     dovrebbero ridurre il numero di macchine.
                     gli automobilisti dovrebbero pagare tasse più alte.
                     il problema è esagerato.
      and look at Note 4 for other possible solutions.
      If the traffic's bad in Rome, it's supposed to be much worse in Naples!
      There's a story about a Neapolitan who asked his friend in amazement how he
      managed to cross the road:

Come hai fatto ad attraversare la strada con tutto questo traffico?
to which his friend replied:
Io non ho attraversato la strada. Io sono nato da questa parte!

Capita spesso a Roma...

L'UOMO ITALIANO ...E L'UOMO INGLESE

Giuliana Fantini and Maria Laura talk about men

Maria Laura Secondo Lei, esiste un uomo ideale?

Sig.na Fantini Personalmente credo di no. Ma forse con un piccolo sforzo si può trovare l'uomo ideale, o, come noi diciamo, la scarpa per il proprio piede. L'uomo ideale per me è l'uomo inglese, forse perchè non lo conosco troppo.

Maria Laura Perchè proprio l'uomo inglese – per Lei che è italiana?

Sig.na Fantini Vede, l'uomo inglese lava i piatti, e, secondo me, lava i piatti con estrema naturalezza. E, ripeto, questo forse perchè io non con . . ., non lo conosco questo uomo inglese, non ho mai sposato questo uomo inglese che per me è l'uomo ideale.

Maria Laura Ci sarà qualche altro motivo per cui Le piace l'uomo inglese? Non soltanto perchè lava i piatti, spero . . .

Sig.na Fantini Indubbiamente no. Però ho l'impressione che questa sua disinvoltura nel lavare i piatti può significare un modo diverso di concepire la vita a due, la vita matrimoniale, la vita coniugale. Può forse significare che la donna è considerata su un piano quasi di parità con l'uomo. Cioè ognuno porta il proprio contributo a questo ménage.

Maria Laura Lei ha avuto quindi delle esperienze, probabilmente degli amici inglesi che si comportavano in questa maniera. Però avrà anche delle esperienze in Italia. In Italia, come si comporta l'uomo?

Sig.na Fantini Beh, per le esperienze riflesse, ovviamente, che io ho avuto, l'uomo italiano è estremamente egoista. Vuole non solo una moglie che lavora, ma . . ., che lavora cioè in ufficio, ma vuole anche una moglie che lavora a casa, e deve lavorare a casa esattamente come egli ricorda sua madre. Cioè la mamma dell'uomo italiano è la classica mamma che sta in casa e che lavora, cuce, prepara da mangiare, ma che naturalmente non lavorava. Mentre oggi le cose sono cambiate. La donna non è solo una massaia o una domestica, è anche una persona che ha un'attività al di fuori della vita familiare. E io ritengo molto giusto che, quando il marito e la moglie ritornano a casa dopo un'esperienza di lavoro, tutti e due debbono contribuire a questa casa.

Maria Laura C'è però anche un'altra . . ., un'altra questione che si dice dell'uomo italiano: l'uomo italiano è geloso. L'uomo italiano molto spesso non lascia andare la moglie a lavorare perchè è geloso. È vero dell'uomo italiano questo, oppure è soltanto una favola?

Sig.na Fantini Ma io credo, sì che l'uomo italiano sia geloso, ma solo per una questione di prestigio. E mi sembra, sempre per la mia esperienza, che oggi l'uomo italiano non ha più problemi nel mandare la propria moglie a lavorare, perchè con un solo stipendio è molto difficile per lui poter mantenere la sua famiglia. Quindi niente di più comodo di una moglie che lavora anche fuori casa. La gelosia si riflette su un altro aspetto della vita della donna italiana sposata con un italiano. È una donna cioè che non ha assolutamente una propria autonomia. Cioè deve andare a lavorare e subito dopo deve ritornare a casa, perchè deve accudire alle faccende domestiche, ma non ha il tempo e la possibilità di curare la propria persona e i propri interessi.

Maria Laura   Ma questo forse non è vero soltanto dell'Italia. Si può dire di qualunque altro paese del mondo.

Sig.na Fantini   Immagino di sì. Comunque io cercavo di parlare di un uomo ideale.

Maria Laura   Però bisogna anche dire che l'uomo italiano ha delle caratteristiche che a molti possono piacere. L'uomo italiano, per esempio, è romantico, secondo quanto si dice. È vero questo per Lei?

Sig.na Fantini   Penso di sì. Sono convinta che l'uomo italiano è più romantico della donna italiana, o, comunque, l'uomo è più romantico della donna, che mi sembra molto concreta, molto realista e a volte addirittura disincantata. Però per la mia esperienza, l'uomo italiano è romantico solo quando gli conviene. Non è una vera natura, quindi, è una questione di opportunismo. Quello che mi piace invece nell'uomo inglese è che — grazie forse solo a una forma particolare di educazione — sembra sempre romantico, gentile e pieno di attenzioni verso la donna.

Qual è l'uomo ideale . . . ?

PAROLE ED ESPRESSIONI

credo di no	I don't think so. Note also **penso di sì** (*I think so*), **immagino di sì** (*I imagine so*).
la scarpa per il proprio piede	**Proprio** (**propria, propri, proprie**) means *one's own*. It can nearly always be replaced by **suo** (**sua** etc)
ci sarà qualche altro motivo per cui Le piace l'uomo inglese?	there must be some other reason why you like English men?
questa sua disinvoltura nel lavare i piatti	this natural way he has of washing the dishes
la vita a due	life with another person, living together
questo ménage (a French word)	household, marriage
che si comportavano...	who used to behave...
però avrà anche delle esperienze...	but you must also have some experiences...
per le esperienze riflesse, ovviamente, che io ho avuto...	from the experiences I have had, obviously at second hand...
come egli ricorda sua madre	as he remembers his mother— **egli** is rather literary—**lui** is more usual
prepara da mangiare	does the cooking
ma che naturalmente non lavorava	but who of course didn't work
e io ritengo molto giusto che...	and I maintain that it's absolutely right that...
tutti e due	both of them
un'altra questione = un'altra cosa	
che l'uomo italiano sia geloso	**sia** is used instead of **è**. (Note 6)
sempre per la mia esperienza	still talking from my own experience
niente di più comodo di...	nothing more convenient than...
io cercavo di parlare di un uomo ideale	I was trying to talk about the ideal man
che a molti possono piacere	which a lot of people might like
secondo quanto si dice	according to what people say
addirittura disincantata	downright disillusioned (**Addirittura?** *Really? You don't say!*)
solo quando gli conviene	only when it suits him
quello che mi piace = la cosa che mi piace	
una forma particolare di educazione	a particular kind of upbringing

VITA E AMBIENTE

la moglie che lavora
The working wife is still relatively uncommon in Italy, though whether this is because their husbands are jealous or not is a matter of opinion! According to recent statistics the proportion of married women who go out to work is only 36 per cent, but this is largely due to the fact that there is an acute shortage of day-nurseries and other such facilities. A lot of women who do go out to work prefer teaching because the hours are short. In Italy children normally go to school only in the mornings. Many women do paid work at home (**lavori a domicilio**).

LA LINGUA

1 Non ho mai sposato questo uomo inglese.

I have never married this ideal English man.

Non hanno mai risposto alla mia lettera.

They never answered (replied to) my letter.

If **mai** follows the verb without **non** it means *ever*:

Lei ha mai letto 'La Divina Commedia'?

Have you ever read 'The Divine Comedy'?

Lei ha mai preso una multa per divieto di sosta?

Have you ever had a parking fine?

The answer to both these questions could be **Mai** on its own, which in this case always means *Never*.

2 **Preso** is the past participle of **prendere**. Verbs ending in **−endere** regularly change the **−endere** to **−eso** to form the past participle:

prendere	to take, get	preso
spendere	to spend	speso
accendere	to light/switch on	acceso

An important exception is **vendere** (to sell) **venduto**

A few important verbs with past participles in **−so**:

chiudere	to close	chiuso
decidere	to decide	deciso
perdere	to lose	perso

A few common verbs in **−ire** have past participles ending in **−erto** (and not **−ito**)

aprire	to open	aperto
scoprire	to discover	scoperto
offrire	to offer	offerto
soffrire	to suffer	sofferto

Here are some more examples of the perfect:

Come mai avete speso tanti soldi? — How on earth did you spend so much money?

Abbiamo comprato un sacco di roba. — We bought lots of things.

Quando ha perso il Suo passaporto? — When did you lose your passport?

L'ho perso stamattina. — I lost it this morning.

Ha guardato nei cassetti, nell'armadio? — Have you looked in the drawers, in the cupboard (wardrobe)?

L'ho cercato dappertutto, anche nella mia giacca! — I've looked for it everywhere, even in my jacket!

The Italian perfect does not only correspond to the English form with *have* and *has*. It can also be used to say *when* something happened (**ieri sera, la settimana scorsa**).

Avete visto quel film? — Have you seen that film?

Sì, l'abbiamo visto ieri sera. — Yes, we saw it yesterday evening.

Lei ha mai avuto un incidente? — Have you ever had an accident?

Sì, ho avuto un piccolo incidente la settimana scorsa. — Yes, I had a slight accident last week.

3 Che lavora cioè in ufficio

There are a number of common phrases (like **in campagna, in montagna, in centro**) where **in** is used without the definite article, for example when we talk about the rooms of our house (**in cucina, in bagno**, etc):

Mio padre è in salotto. — My father is in the sitting-room.

Dov'è Gino? È in camera? — Where's Gino? Is he in his room?

Maria sta in casa tutto il giorno. Non esce mai. — Maria is at home all day. She never goes out.

Vado in cucina. — I'm going to the kitchen.

Vado un momento in bagno. — I'm just going to the bathroom.

4 ... ha delle caratteristiche che a molti possono piacere — ... has some characteristics which a lot of people may like.

Piacere (to be pleasing) is the infinitive of **piace**. To say *I like this book* — **Mi piace questo libro** or **Questo libro mi piace** — is to say *This book is pleasing to me*.

La macchina non piace a Gino. — Gino doesn't like the car.

Non gli piace. — He doesn't like it.

Però, piace a Maria. — But Maria likes it.

Dice che le piace molto. — She says she likes it a lot.

Se piace a Maria, deve piacere a tutti. — If Maria likes it, everybody must like it.

Gli piace can also mean *they like it* — (*they* being either masculine or feminine)

| Cosa ne pensano le ragazze? | What do the girls think of it? |
| Non gli piace. | They don't like it. |

5 L'uomo italiano è romantico solo quando gli conviene.

Conviene and **sembra** are used in the same way as **piace**.

Non	mi Le gli le gli	sembra una buon'idea conviene farlo oggi	It doesn't seem to It doesn't suit	me you him her them	a good idea to do it today

6 Credo che l'uomo italiano sia geloso

Sia is generally used instead of **è** after **credo che** . . . and **penso che** . . .

In the same way **siano** is used instead of the **loro** form **sono**.

Non credo che gli uomini siano più romantici delle donne.

Io non penso che l'uomo inglese sia più romantico dell'uomo italiano.

Lei pensa che le donne italiane siano meno egoiste degli uomini?

(But you will often hear **è** and **sono** used instead.)

ORA TOCCA A LEI!

I Adolfo has written his first novel and he is anxiously canvassing opinions about it. Use **piace**, **sembra**, and **conviene**

(**assurdo** *absurd*; **osceno** *obscene*; **esagerato** *exaggerated*).

Cosa pensa Lei del mio libro?	Non mi piace.
1 Perchè no?	. . . . .esagerato.
2 E cosa ne pensa Giorgio?. . . . . . piace?	No. Dice che . . . . .assurdo.
3 E Giulia cosa ne pensa?	Lei dice che non. . . . . .perchè . . . . .osceno.
4 Ma gli altri, che cosa ne pensano?	A dire la verità, non . . . . nessuno.
5 Non . . . . . .neanche. . . . . .Gino?	. . . . . . Gino . . . . . .proprio disgustoso!
6 Ma lui mi ha detto che è molto bello! Che amici!	Gino può essere molto simpatico quando. . . . .

II   A friend in need

Put in the past participles of **aprire, chiedere, dare, dire, invitare, prendere, sentire** and **telefonare** where appropriate:

1 Sai chi mi ha ....
l'altra sera?
Adolfo!

No, chi?
Adolfo? Cosa fa adesso?

2 Non hai ......? Ha..............
un ristorante!

Dove ha ....i soldi?

3 Suo padre gli ha..............un
milione

Un milione?!

4 Sì, Adolfo è molto contento.

Eh, lo credo! Allora, che cosa ti ha
..............? Ti ha ....
a pranzo?

5 No. Mi ha ....di aiutarlo.
A lavare i piatti!

A fare che cosa?

III   Your friend is exasperating. You get no thanks for trying to be helpful.
(**Non vale la pena**!   *It's not worth the trouble!*).

Put in the past participles that you think are appropriate:

1 Ho .... il mio passaporto!

Sei sicuro? Non l'hai ....
nella valigia?

2 Sì, ma non c'è più!

Hai.............. anche nella borsa?

3 Sì, ma non lo trovo!

Dev'essere qui in camera. L'ho
..............io proprio stamattina.

4 Impossibile! Ho ....
dappertutto!

Anche nell'armadio?

5 Nell'armadio, nei cassetti, sotto
il letto, dappertutto, ti dico!
In bagno?! Impossibile!!

Allora, l'hai ....in bagno

Forse è nella tua giacca?

6 Nella mia giacca?! Per chi mi
prendi?! Non sono mica
stupido, sai!!

Ma, hai .... nella tua
giacca?

7 No, non ci ho ....! Ma non
vale la pena!

Allora, ci guardo io. Ah! Eccolo qui!

8 L'hai..........................?!
Allora, perchè non me l'hai detto prima?!

Sì, è qui! Proprio nella tua giacca!

IV   Se mi dicono di scegliere tra sposare|un inglese|e sposare|un italiano,
|un'inglese| |un'italiana,
io scelgo di sposare......................perchè....................

Dopo una lunga giornata di lavoro...

l'uomo inglese l'uomo italiano	è	più	romantico—a egoista geloso—a	dell'uomo....
la donna inglese la donna italiana		meno	fedele gentile	della donna...

Secondo Lei c'è molta differenza tra i latini e gli inglesi?
(Sì, molta. Qualche differenza c'è, ma non tanta.
In fondo, non c'è nessuna differenza.)

Le ragazze Le donne	latine inglesi	sono	più	freddi—e caldi—e	delle..................
				generosi—e	dei ....
Gli uomini I ragazzi	latini inglesi		meno	realisti—e timidi—e	degli ....

Per me, gli uomini latini sono troppo...
le donne latine non sono abbastanza....................................

But there may be dangers in marrying (or choosing your oxen!) outside your own community. There is an old proverb:

Moglie e buoi dai paesi tuoi!

6 IL CANE E LA MULA *mule*

An unusual comparison between two famous cities

Gianni Paolo Guasconi, un ragazzo di Firenze. È di Firenze, vero?

Paolo Guasconi Sì, sono di Firenze, ma non sono nato qui, sono nato a Siena. Comunque, ho sempre abitato in questa città, tranne qualche viaggio che ho fatto all'estero. Sono stato negli Stati Uniti per un anno per motivi di studio. Poi sono stato diverse volte in Inghilterra ed in Scozia anche. Ho fatto un viaggio in Olanda, poi ho visitato l'Austria e Vienna in particolare. E basta poi...

Gianni Ecco, allora Stati Uniti, Inghilterra, Scozia, Olanda. Ma a Firenze quando ci è stato?

Paolo Guasconi Mah, ho studiato a Firenze. Ho fatto i miei studi qua. E poi sono molto appassionato della mia città. Io la conosco abbastanza bene, o almeno credo. E spero di conoscerla (*Che cosa...*) sempre meglio.

Gianni Che cosa studia?

Paolo Guasconi Io studio musica e..., e studio anche arte. Ho studiato arte molto a lungo e..., ed ho anche insegnato Storia dell'Arte.

Gianni Beh, studiare arte e vivere a Firenze, è una condizione ideale, vero?

Paolo Guasconi Ma in effetti sì, perchè le opere più importanti sono qua, sono nelle gallerie della città e quindi è molto facile vederle. Poi anche si può dire che la città stessa è una grande galleria all'aperto, con fontane, palazzi, strade meravigliose, chiese, insomma tu(tto)... e poi il panorama stesso della città che è così incantevole.

Gianni Certamente Lei conosce molto bene la Sua città e tutti un po' conosciamo i monumenti più famosi di Firenze. Ci potrebbe parlare di qualcosa di diverso, un aspetto poco conosciuto che i turisti non riescono a raggiungere perchè non conoscono?

Paolo Guasconi Mah, dunque, c'è un..., un aspetto curioso in un palazzo molto grande e la..., ed il fatto strano è proprio questo che, normalmente, le cose curiose si trovano fuori mano oppure, nelle..., nelle strade piccole, nelle piazze deserte o..., o nella periferia della città. Invece qui in un palazzo grandissimo-che addirittura per cinque o sei anni è stato capitale, è stato la reggia, il palazzo reale d'Italia- si trova un monumento dedicato ad un..., ad un animale molto modesto, una mula. E questo fatto, questo piccolo monumento mi ha colpito molto perchè l'estate scorsa io sono andato a Edimburgo. Edimburgo è la città capitale della Scozia ed è la città gemella di Firenze, perchè sia Edimburgo che Firenze sono città di arte e di musica. Quando io ho visitato la città, naturalmente molto curioso, ho visto tutti i posti più tipici, più inconsueti della città. Poi un giorno mi sono trovato faccia a faccia con un piccolo monumento di bronzo che una signora ha dedicato ad un cane. Quando il padrone del cane è morto, questo piccolo cane non ha voluto abbandonare il proprio padrone e per circa quattordici anni – dal 1850 . . ., 1858 esattamente, al 1872-ha vissuto vicino alla tomba del proprio padrone nella chiesa di Greyfriars. Ora, mi ha fatto molto piacere quando, visitando il Palazzo Pitti lo scorso autunno con un gruppo di amici, ho visto in un angolo del cortile un piccolo monumento dedicato alla mula, questo animale paziente . . .

Gianni   Perchè un monumento alla mula?

Paolo Guasconi   Eh, perchè questa mula ha lavorato per tanti e tanti anni portando il materiale dalle colline, dove c'è una cava di pietra, al cortile. Verso il 1560 un architetto fiorentino ha lavorato . . ., ha dato il disegno ed è stato eseguito il cortile di questo palazzo, un cortile veramente splendido e degno di . . ., del palazzo. Quando poi un giorno la mula è morta, gli operai che hanno lavorato nel cortile hanno deciso di dedicarle un monumento. Hanno preparato una lapide con un ritratto in bassorilievo della mula che spicca molto perchè il bassorilievo è di marmo, invece la mula è di un materiale nero. E si vede questa mula molto allegra, molto piena di brio e di gioia, che porta del materiale molto pesante. E poi hanno scritto una bellissima poesia in latino – una lingua dotta, perciò è molto importante per un animale così umile . . .

La mula di Palazzo Pitti, ancora piena di brio e di gioia!

PAROLE ED ESPRESSIONI

all'estero	abroad
e basta poi	and that's all
ma a Firenze quando ci è stato?	but when were you in Florence?
ho fatto i miei studi	I went to school and university
spero di conoscerla sempre meglio	I hope to get to know it better and better
molto a lungo	for a very long time
in effetti	in actual fact
la città stessa, il panorama stesso	the city itself, the panorama itself
ci potrebbe parlare di . . .	could you talk to us about . . .
	Potrebbe is often used in polite requests: **Mi potrebbe dare una mano a portare la valigia?** *Could you give me a hand with my case?*
un aspetto poco conosciuto	a little known aspect
si trovano fuori mano	are found in out of the way places
in un palazzo grandissimo che addirittura per 5 o 6 anni è stato . . . il palazzo reale	a huge palace that for 5 or 6 years was actually the Royal Palace
sia Edimburgo che Firenze	both Edinburgh and Florence
mi sono trovato faccia a faccia con . . .	I found myself face to face with . . .
mi ha fatto molto piacere	it gave me great pleasure
visitando	visiting, looking around
portando il materiale	carrying the building material
è stato eseguito il cortile	the courtyard was built

VITA E AMBIENTE

Il Palazzo Pitti

It was designed by Brunelleschi and built in 1458. In 1549 it became the seat of the Medicis and of the Grand Dukes of Lorraine. Later it became the residence of the King of Italy when in 1864 the capital of the newly formed kingdom was moved from Turin to Florence. This lasted six years until 1870 when Rome was made the capital of Italy.

Cava di pietra

Tuscany is rich in quarries and particularly marble quarries. Carrara, for example, is noted for the quality and colouring of its marble, which was used by the great Renaissance sculptors. Michelangelo's huge 'David' was hewn out of one single block of Carrara marble.

1 Sono stato negli Stati Uniti per un   I've been to the United States for a
   anno.   year.

Sono stato (I've been) follows exactly the same pattern as **sono nato** (2.6).
A woman would say:

   Sono stata negli Stati Uniti per un anno.

And the same applies to **sono andato** (I went) and **sono tornato** (I returned).

MEN

Io sono	nato a Siena.		I		was born in Siena.
	stato negli Stati Uniti.				have/has been to London.
Paolo è	andato a Londra.		Paolo		went to London.
	tornato in Italia.				returned to Italy.

WOMEN

Io sono	nata a Firenze.		I		was born in Florence.
	stata in Inghilterra.				have/has been to England.
Elena è	andata in Scozia.		Elena		went to Scotland.
	tornata a Firenze.				returned to Florence.

Nato, stato, andato and **tornato** are past participles but, unlike **comprato,
detto, messo, preso, visto**, etc., they are *not* used with **avere** but with **essere**.
They behave just like adjectives. **Morto** is another past participle of this type:

   Il cane è morto nel 1853.   The dog died in 1853.
   La mula è morta più di   The mule died over 400 years ago.
      quattrocento anni fa.

So in Italian there are two kinds of perfect:

   1 A number of very common verbs, like **essere** and **stare, andare, tornare,
     nascere** (to be born) and **morire** (to die) form their perfect with **essere**, as
     shown in the examples just given.

   2 The majority of verbs form their perfect with **avere** (**ho parlato, ho fatto,
     ho speso**, etc.), and here the past participle does *not* agree with the
     subject. Both a man and a woman would say, for instance:

        Ho sempre abitato in questa città.
        Ho fatto qualche viaggio all'estero.

Essere and **stare** have the same past participle: **stato**, and so have the same
form in the perfect (**sono stato, sono stata**, etc.).

   Giorgio sta male oggi.   Giorgio is unwell today.
   Giorgio è stato male in questi   Giorgio has been unwell these last
      ultimi giorni.   few days.

Anna è in Inghilterra adesso. — Anna is in England now.
Anna è stata anche in Scozia. — Anna has also been to Scotland.

2 A Firenze quando ci è stato? — When were you in Florence?

The **ci** in Gianni's question refers back to **a Firenze**, which is put first for emphasis. **Ci è** is usually contracted, in speech and in writing, to **c'è**:

Piero è stato a Siena. — Piero has been to Siena.
Quando c'è stato? — When was he there?
C'è stato in maggio. — He was there in May.

3 Spero di conoscerla sempre meglio. — I hope to get to know it better and better.

Conoscere can be *to get to know* (as well as *to know*):

Lei ha la possibilità di conoscere molti stranieri nel Suo lavoro? — Do you have the chance to meet (get to know) a lot of foreigners in your job?
Mi piace conoscere gente nuova quando sono in vacanza. — I like to meet (get to know) new people when I'm on holiday.

This meaning comes out most clearly in the perfect (**ho conosciuto**, etc.):

Dove avete conosciuto Stefano? — Where did you meet Stefano? (make his aquaintance)
L'abbiamo conosciuto l'anno scorso a Milano. — We met him in Milan last year.

4 qualcosa di diverso — something different

Qualcosa and **niente** take **di** before a following adjective:

C'è qualcosa di nuovo? — Is there anything new?
Ha visto qualcosa d'interessante? — Did you see anything interesting?
Non c'è niente di speciale. — There's nothing special.

Di is used in the same way after **Cosa?** and **Che cosa?**

Che cos'hai visto d'interessante?
Cos'avete fatto di bello? (This is a pleasant, friendly way of asking people what they've been doing).

5 le cose curiose si trovano fuori mano. — the curious things are (to be found) in out of the way places
qui ... si trova un monumento dedicato a un animale molto modesto — here there is (to be found) a monument dedicated to a very modest animal

The reflexive verb **trovarsi** (to be found, to find oneself) is used for locations, as in the examples given, and for temporary situations:

In questo momento mi trovo senza soldi. — At the moment I find myself (I am) without money.

Trovarsi bene means *to feel happy, feel at home*:

> Mi trovo molto bene qui a Firenze.
> I miei amici si trovano benissimo a Roma.

6 Questo piccolo cane non ha voluto   This little dog wouldn't leave his
     abbandonare il proprio padrone.   master.

Voluto is the past participle of **volere**. The perfect **non ha voluto** means more than *didn't want to*. The little dog actually *did not* abandon his master. Here are some more examples of the perfect of **volere** with this meaning:

> Non ho voluto insistere.   I didn't want to insist.
>   I decided not to insist.
>
> Ha voluto pagare Piero.   Piero insisted on paying.
>   Piero paid (because he wanted to).

Notice how Piero comes last for emphasis.

7 Verso il 1560 è stato eseguito il   About 1560 the courtyard of this
     cortile di questo palazzo.   palace was built.

Eseguire means *to execute, to carry out*. The usual word for *to build* is **costruire**.

È stato followed by a past participle indicates that something *was done*. The subject (*what* was done) often comes last, especially if it is fairly long:

> Sei anni fa è stato costruito un   Six years ago a huge block of flats
>   grandissimo palazzo.   was built.
> Nel 1935 è stato pubblicato il mio   In 1935 my first novel was published.
>   primo romanzo.
> L'anno scorso è stato cambiato il   Last year the system of work was
>   sistema di lavoro.   changed.

8 Gli operai hanno deciso di   The workmen decided to dedicate a
     dedicarle un monumento.   monument to her.

Decidere (*to decide*), **sperare** (*to hope*), **tentare** and **cercare** (*to try*), **preoccuparsi** (*to worry, take the trouble*) take **di** before a following infinitive:

> Spero di conoscerla sempre meglio.
> Ho deciso di andare in vacanza in   I've decided to go to Sicily for my
>   Sicilia quest'estate.   holidays this summer.
> Hanno tentato di risolvere questo problema.
> Gli uomini dovrebbero cercare di capire i problemi delle donne che guidano.
> Le vecchiette si preoccupano di dare del cibo ai gatti.

Di is also used after **dire** in sentences like:

> Se ti dicono di scegliere tra vivere a Roma e vivere in campagna, tu che cosa
>   scegli?
> Mi hanno detto di tornare più tardi   They told me (I was told) to come
>   back later.

9 Per circa quattordici anni, dal
      1858 al 1872, ha vissuto vicino
      alla tomba del proprio padrone.
    Verso il 1560...

For about fourteen years, from 1858
   to 1872, he lived near his master's
   grave.
About 1560...

II (I') is used with years and with days of the month:

L'ho visto il primo gennaio.   I saw him on the 1st of January.
È morta il due agosto.   She died on the 2nd August.
Gino è tornato il venti luglio.   Gino came back on the 20th July.
Maria è nata l'otto settembre.   Maria was born on the 8th September.
Piero è andato in Scozia nel 1965.   Piero went to Scotland in 1965.

Suo padre ha vissuto all'estero per più di vent'anni, dal 1928 fino al 1949.

Years are said just like ordinary numbers:

1858   milleottocentocinquantotto.
1973   millenovecentosettantatrè (note the accent).

10 un aspetto poco conosciuto   a little known aspect

Poco has a strongly negative flavour:

un libro poco interessante   a book of no interest
un ragazzo poco intelligente   a dimwit
una persona poco seria   a person not to be relied on

(**Serio**, used of people, means *reliable, trustworthy, worth taking seriously*.)

ORA TOCCA A LEI!

I   Paolo è nato a Siena, però ha sempre abitato a Firenze. Ha fatto qualche
viaggio all'estero. È stato negli Stati Uniti per un anno per motivi di studio.
L'anno scorso è andato in Inghilterra e in Scozia, dove ha visto la tomba di
Greyfriars Bobby, che è morto nel 1872. Ha visitato anche l'Austria e l'Olanda.
Però non è mai stato in Spagna.
Change 'Paolo' to 'Anna', and make any other necessary changes.

II   Here is a drastically shortened biography of the great Sicilian writer,
Giovanni Verga (1840–1922). These verbs are left out:

è nato, è morto, è andato, ha vissuto, è tornato, è stato, ha scritto, ha
avuto.

Some must be used more than once.

Giovanni Verga .... a Catania, in Sicilia, nel 1840 ....
a Catania per 26 anni. Nel 1866 .... a Firenze, dove ....
il suo primo romanzo 'Una Peccatrice'. Poi, nel 1871 .... a
Milano e .... lì per alcuni anni. Nel 1876 .... la novella
'Cavalleria Rusticana', che più tardi .... molto successo come opera
lirica. Nel 1881 .... pubblicato il suo romanzo più famoso
'I Malavoglia', che non .... molto successo. .... a Roma
nel 1884 e nel 1889 .... a Milano, dove .... 'Mastro
Don Gesualdo'. Nel 1896 .... a Catania, dove .... nel
1922.

Un romanzo is a novel, and **una novella** is a 'long short story'.

III   Now use the same verbs (changing the endings where necessary) for
Grazia Deledda (1875–1936), the Sardinian woman writer and Nobel Prize
winner:

Grazia Deledda .... nel 1875 a Nuoro, in Sardegna, dove
.... i suoi primi romanzi. Poi .... a Roma, a Milano e a
Torino. A Torino nel 1903 .... pubblicato il suo romanzo 'Elias
Portolu'. Nel 1913 .... a Milano dove .... il suo
romanzo più famoso 'Canne al Vento' .... a Milano per qualche
tempo. Nel 1926 .... il premio Nobel per la letteratura. Non
.... a Nuoro, ma .... a vivere a Roma, dove ....
nel 1936.

IV
1 I turisti spesso non riescono a vedere le cose curiose. Perchè?
2 Dove si trova la statua della mula?
3 Quando è andato a Edimburgo Paolo?
4 Che cosa hanno in comune Edimburgo e Firenze?
5 Perchè la signora ha dedicato il monumento al cane?
6 Perchè gli operai hanno dedicato un monumento alla mula?

V   Talk about your travels.
1 Lei è mai stato all'estero? Dov'è stato? (stata?)
2 Quando c'è andato? (andata?) (Quest'anno? due anni fa?)
3 Per motivi di studio? di lavoro? o in vacanza?
4 Quante volte c'è stato? (stata?)
5 Ha scoperto qualcosa d'interessante che i turisti non conscono?
      Che cos'ha scoperto? Dove si trova esattamente?
6 Come preferisce viaggiare Lei? (in treno? in autobus? in macchina?
      ....?)
   Perchè? (più veloce, più comodo, costa meno, uno può fermarsi dove
   vuole, si può parlare con la gente............................?)

VITA A FIRENZE

Signora Maria Luisa Caselli talks to Gianni about her life and about her ambitions for the future.

Gianni   A Firenze parlo con la signora . . . ?

Sig.ra Caselli   Maria Luisa Caselli.

Gianni   Che non è di Firenze.

Sig.ra Caselli   No, io sono nata a Milano. Ho vissuto a Roma fino all'età di ventun anni, poi mi sono sposata e son venuta ad abitare a Firenze. È una città dove mi sono trovata molto bene, perchè è un po' più piccola di Roma e la vita è più a dimensioni umane.

Gianni   Cos'altro ama di Firenze, e odia di Roma?

Sig.ra Caselli   Il traffico convulso a Roma. Qui a Firenze da non molto tempo hanno riservato la parte centrale, che è bellissima, per i pedoni. E questa è un'iniziativa veramente buona.

Gianni   Sono stati tutti d'accordo su questa iniziativa?

Sig.ra Caselli   All'inizio, dei negozi hanno protestato, ma presto hanno capito che era ingiusto protestare perchè la gente va più volentieri in centro ora che non c'è rumore, che prima quando c'era molto disordine.

Gianni   Che cosa c'è a Firenze che Le piace in modo particolare?

Sig.ra Caselli   Mi piace molto il centro. Il Ponte Vecchio, per esempio, è un punto della città così aperto, dove si incontra gente molto divertente, i capelloni che suonano la chitarra o che vendono quei gioielli fatti col ferro, stesi in terra. E poi accanto ci sono le vetrine più ricche di Firenze.

Gianni   Suo marito, che lavoro fa?

Sig.ra Caselli   Mio marito è dirigente di una piccola azienda di maglieria.

Gianni   Quanti dipendenti ha?

Sig.ra Caselli   Sono diciotto in tutto.

Gianni   Che cos'è il lavoro che fa, esattamente?

Sig.ra Caselli   Eh, danno da fare delle maglie, dei golf, nelle campagne più che altro, dove ci sono delle case private. E la gente si raccoglie in queste case, a quattro o cinque per gruppo, e eseguono le ordinazioni che mio marito riceve dall'estero più che altro.

Gianni   Lei lavora?

Sig.ra Caselli   Io lavoro in casa, seguo la vita dei bambini. Mi dedico parecchio all . . ., all'associazione dei genitori della scuola che i miei bambini frequentano. E poi studio: mi sono iscritta all'Università di Pedagogia.

Gianni   Ma Lei prende la laurea per . . . per lavorare, per utilizzarla in un lavoro?

Sig.ra Caselli   Sì, vorrei insegnare ai bambini spastici o ai ragazzi cosiddetti difficili.

Gianni   Senta, signora, è possibile con tre bambini — ha tre bambini, Lei? (*Sì*) —

con tre bambini, un marito, trovare il momento buono per studiare? Ci riesce sinceramente?

Sig.ra Caselli   Ora sì, perchè vanno a scuola tutti e tre e vanno anche al doposcuola nel pomeriggio, e quindi ho un po' di tempo per studiare.

Gianni   Insomma Lei manda fuori di casa il marito a lavorare, i bambini a studiare e poi, nella casa silenziosa, si mette a studiare. (*Esatto*). Niente più passeggiate sui lungarni, incontri con gli 'hippy' . . .

Sig.ra Caselli   No. Non lo escludo.

Gianni   Non lo esclude?

Sig.ra Caselli   No. Perchè a volte quando uno ha bisogno di fare una passeggiata romantica, deve farla.

Gianni   E quanti esami ha dato finora?

Sig.ra Caselli   Nessuno, perchè mi sono iscritta quest'anno.

Gianni   Ha paura?

Sig.ra Caselli   No, assolutamente. Questo è l'unico vantaggio che si ha incominciando a studiare da grandi.

Gianni   In Italia si fanno brutti scherzi alle matricole. Si difenderà, o si assoggetterà a questi scherzi?

Sig.ra Caselli   Quest'abitudine è andata proprio scomparendo in questi ultimissimi anni. Mio fratello che ha fatto l'università qui a Firenze una decina d'anni fa, come matricola è stato perseguitato.

Gianni   Cosa gli hanno fatto?

Sig.ra Caselli   L'hanno messo in mutande e l'hanno mandato in giro per la città e poi ha dovuto pagare pranzi a questi 'anziani'.

Gianni   Ma non è stato buttato nell'Arno? (*No*) Vive ancora?

Sig.ra Caselli   A questo non ci sono arrivati!

Vacanze sulla neve: la signora Caselli e i suoi bambini qualche anno fa

PAROLE ED ESPRESSIONI

che non è di Firenze	who isn't from Florence
son venuta (*or* sono venuta).	I came. **Sono** sometimes loses its final —**o**.
dove mi sono trovata molto bene	where I've felt very much at home
a dimensioni umane	on a human scale
da non molto tempo	recently, not long ago
sono stati tutti d'accordo?	did everyone agree?
che era ingiusto . . .	that it was wrong . . .
ora che non c'è rumore che prima quando c'era molto disordine	now that there's no noise than before when there was a lot of confusion
in modo particolare	in particular
i capelloni	hippies, men with long hair
fatti col ferro	made of iron
stesi in terra	spread out on the ground
una piccola azienda di maglieria	a small knitwear firm
danno da fare delle maglie . . .	they give out knitting to be done . . .
nelle campagne più che altro	in the country mostly
a 4 o 5 per gruppo	in groups of 4 or 5
l'Università di Pedagogia	Signora Caselli means **la Facoltà di Pedagogia** (the faculty of Education).
vorrei insegnare ai bambini spastici	I would like to teach spastic children (**insegnare** *a* **qualcuno**: *to teach someone*).
ci riesce sinceramente?	can you really manage to do it?
niente più passeggiate	no more walks
quanti esami ha dato finora?	how many exams have you taken up to now? Notice **dare un esame**: *to take an exam*.
ha paura?	are you afraid?
incominciando a studiare da grandi	starting to study as an adult
si fanno brutti scherzi alle matricole	they play nasty tricks on freshers
si difenderà o si assoggetterà a questi scherzi?	will you stand up for yourself or will you submit to these tricks?
quest'abitudine è andata proprio scomparendo	this habit has been very much on the decline
ha fatto l'università	went to university
una decina d'anni fa	about 10 years ago
è stato perseguitato	was persecuted
l'hanno messo in mutande	they took his trousers off (lit. they put him in underpants)
e poi ha dovuto pagare pranzi a questi 'anziani'.	and then he had to buy meals for the senior students. Notice the use of **a**
a questo non ci sono arrivati!	they didn't go as far as that!

VITA E AMBIENTE

Isola pedonale

In Florence one of the attempts to solve the traffic problems affecting so many Italian cities and particularly the older ones, has been to close to traffic some of the streets and squares in the centre, so creating an **isola pedonale** (pedestrian precinct).

Doposcuola

Children in Italy normally go to school in the mornings only (8.30–1.30). Some primary and secondary schools provide **doposcuola** in the afternoon for children to do homework or extra subjects like drawing, singing, sport, etc. Not all schools have **doposcuola**, mainly because of lack of space. There is a general shortage of school buildings and many schools cannot accommodate all their regular classes in the morning so a shift system has to be worked with some classes attending in the morning and the rest in the afternoon.

Una matricola

A first year university student, a fresher, and traditionally the unhappy object of practical jokes played by the older students (**gli anziani**).
The custom is now dying out, particularly in bigger universities where it would be difficult to identify the **matricole** although all students carry a small booklet (**un libretto**) which gives details of their academic record. To avoid being singled out by the older students, the **matricola** has to get a **lasciapassare**, a mock document written in Latin and signed by the Pontefice Massimo, the student who has been there longest (and this could be as long as 15 years!).

LA LINGUA

1 Son venuta ad abitare a Firenze.   I came to live in Florence.

Venuto is the past participle of **venire**, which makes it perfect with **essere**:

    Gino è venuto a Roma.
    Anna è venuta a Firenze.

2 mi sono sposata   I got married

A man would say: **Mi sono sposato**. This is the perfect of the reflexive verb **sposarsi** (*to get married*). All reflexive verbs form their perfect with **essere**. Here are some examples with **sposarsi, trovarsi, iscriversi** (*to enrol, register*), **laurearsi** (*to graduate*), **mettersi** (*to start, to set about doing something*):

MEN

| Io mi sono | sposato dieci anni fa.
trovato benissimo. | I | got married 10 years ago.
was very happy indeed. |
| Gino si è | iscritto all'università.
laureato nel '65.
messo a lavorare. | Gino | registered for a degree.
graduated in '65.
started to work. |

Nel '65: nel sessantacinque, nel '73: nel settantatrè — the '19' is nearly always left out in speech.

WOMEN

| Io mi sono | sposata l'anno scorso.
trovata molto bene. | I | got married last year.
was very happy. |
| Anna si è | iscritta all'università.
laureata in giugno.
messa a lavorare. | Anna | registered for a degree.
graduated in June.
started to work. |

The only difference from the examples in 6.1 is the use of **mi** and **si**.

3 Sono stati tutti d'accordo?   Did everybody agree? (Was everybody in agreement?)

Stati is the masculine plural form of the past participle, here referring to **tutti**. Past participles in the masculine plural can, like adjectives, refer to males alone or to mixed company:

	nati nel '55.	were born in 1955.
Noi siamo	stati in America.	have been to America.
	andati in montagna ieri.	went to the mountains yesterday.
Gino e Anna sono	venuti in Inghilterra nel '68.	came to England in 1968.
	tornati in Italia in giugno.	went back to Italy in June.

Questions using the **voi** form:
Siete mai stati in America?   Quando siete tornati in Italia?

Noi ci siamo Loro si sono	sposati la settimana scorsa. trovati bene a Roma. iscritti all'università.	got married last week. were happy in Rome. registered at university.

Questions using the **voi** form:

Quando vi siete sposati?   Vi siete trovati bene a Roma?

The only difference from the other **essere** perfects is the use of **ci**, **si** and **vi**.

4 Ci riesce sinceramente?   Are you really able to manage?

Ci in this case stands for **a studiare**. **Ci** often replaces **a** plus an infinitive.

Franca riesce sempre a trovare   Franca always manages to find a
 posto per la sua macchina, ma   place for her car, but I can never
 io non ci riesco mai.   manage to do it.

Riuscire forms its perfect with **essere**:

Siete riusciti a trovare una casa?

No, non ci siamo ancora riusciti.

Adolfo è riuscito a scrivere quel romanzo di cui ha tanto parlato?

Sì, c'è riuscito finalmente, però non piace a nessuno!

5 E quanti esami ha dato finora?   And how many exams have you taken
   so far?

Nessuno.   None.

Non ho dato nessun esame.   I haven't taken any exams.

Nessun, nessuno, nessuna means *no*, *none*, *not any*. It is used only in the singular, and in the same way as **un, uno** etc. Notice the double negative, with **non**:

Gino non ha nessun amico qui.   Gino has no friends here.

Non ho nessuna voglia di andarci.   I don't feel like going there. (I've no
   wish to go there).

Io non vedo nessuno sbaglio qui.   I can't see any mistake here.

6 Si fanno brutti scherzi alle matricole.

Si fanno is used in exactly the same way as **si vedono** (4.2). It is plural because **brutti scherzi** is plural. Compare:

Questi scherzi non si fanno più   They don't play these tricks any more
 all'università.   at university.

Questo scherzo non si fa più.   They don't play this trick any more.

The same principle applies to all verbs used in this way:

Roma è una città che non si dimentica.

Queste sono cose che non si dimenticano.

È una città dove si incontra gente molto divertente.

I pappagalli si incontrano dappertutto.

Qui si vende pane.

In quel negozio si vendono gioielli fatti a mano (*handmade jewellery*).

7 È stato perseguitato.

L'hanno messo in mutande.

È stato and the past participle and **l'hanno** and the past participle are two ways of saying the same thing:

È stato perseguitato.	He was persecuted.
L'hanno perseguitato.	They persecuted him.
È stato fermato per la strada.	He was stopped in the street.
L'hanno fermato per la strada.	They stopped him in the street.
L'hanno arrestato.	They arrested him.
È stato arrestato dalla polizia.	He was arrested by the police.

8 Cosa gli hanno fatto?

Note how **gli** and **le** are used with **fare, chiedere** (to ask), **prendere** and **togliere** (to take off):

Gli hanno fatto un brutto scherzo.	They played a nasty trick on him.
E ad Anna, cos'hanno fatto?	What did they do to Anna?
Non le hanno fatto niente.	They didn't do anything to her.
Cos'hanno fatto a Giorgio?	What did they do to Giorgio?
Gli hanno chiesto il libretto e gli hanno preso il portafoglio.	They asked for his 'libretto' and they took his wallet from him.
E alle altre matricole cos'hanno fatto?	And what did they do to the other freshers?
Gli hanno tolto i pantaloni.	They took off their trousers.

Remember that **gli** can be both masculine singular and masculine *and* feminine plural.

Festa delle matricole a Padova ma ... attenzione agli 'anziani'!

9 Ha dovuto pagare pranzi a questi anziani.

The perfect of **dovere** (**ho dovuto**, etc.) means *had to*:

Ho dovuto prendere un taxi perchè ho perso il treno.

Quei ragazzi hanno dovuto fare molti sacrifici per andare all'università.

10 le matricole

There are a few words which are always feminine even when they refer to men:

una matricola is a first year university student of either sex;

una guida can be a man or a woman;

una guardia (a guard, traffic-policeman) is always a man!

And then there are **la persona** and **la gente**.

ORA TOCCA A LEI!

I   Anna e suo fratello Giorgio.

Anna si è iscritta all'università nel '56 e si è laureata nel '61. Giorgio si è iscritto all'università nel '58 e . . . . nel '63. Giorgio si è laureato in tedesco, e sua sorella . . . . in inglese. Anna si è sposata nel '63 ed è andata in Inghilterra (Suo marito è inglese). Giorgio non . . . . ancora . . . . , perchè non è riuscito a trovare la donna ideale (neanche in Italia!) . . . . in Inghilterra con sua sorella. Anna si è trovata molto bene in Inghilterra. Anche Giorgio . . . . bene, ma è tornato in Italia dopo 3 mesi per motivi di lavoro (anche perchè ci ha la ragazza!). Anna non . . . . in Italia. Vive a Londra con suo marito.

II   Paola è nata a Bologna nel 1945. Ha vissuto a Bologna fino all'età di 15 anni. Poi è andata a Milano, dove è stata per 5 anni. Nel '65 si è sposata ed è venuta a Firenze, dove si è trovata molto bene. Ha avuto due bambini. Nel '68 si è iscritta all'università. Si è laureata nel '73 e poi si è messa a lavorare, perchè con un solo stipendio è molto difficile poter mantenere la famiglia.

Paola's husband is Mario. He is the same age as she is and they have done exactly the same things. Now you tell *their* story.

Paola e Mario sono . . . .

III   Qui .... inglese. (*parlare*). Qui si parla inglese.

       A Roma .... molti   A Roma si incontrano molti
         stranieri   *(incontrare).*   stranieri.

1   In Inghilterra .... poco vino. (*bere*).

2   Gli spaghetti .... dappertutto in Italia. (*mangiare*).

3   Nelle grandi città .... sempre fretta. (*avere*).

4   In questo negozio .... gioielli fatti a mano. (*vendere*).

5   In questo ristorante .... bene e .... poco. (*mangiare; spendere*).

6   A Roma .... molte multe per divieto di sosta. (*prendere*).

7   D'estate non .... a parcheggiare nelle strade vicino al centro. (*riuscire*).

8   In alcune delle vecchie strade di Roma non .... facilmente con la macchina. (*passare*).

IV   Si fanno brutti scherzi alle matricole!

       Adolfo was particularly unfortunate. Put in *l'hanno* or *gli hanno* as appropriate:

       Perchè? Cosa gli hanno fatto?   *L'hanno* fermato per la strada.

1   E poi?   .... chiesto il libretto.

2   Dopo?   .... preso anche il portafoglio. Così ha dovuto pagare il pranzo a tutti gli 'anziani'.

3   Gli hanno combinato qualcos'altro?   Sì, ... tolto i pantaloni e .... mandato in giro per la città in mutande.

      Poi hanno smesso di fargli scherzi?   No! Hanno continuato.

4   .... buttato nel Tevere?   No. A questo non ci sono arrivati. Però, ... buttato nella fontana. Questo, però, non è tutto!

5   Come non è tutto? Cosa .... fatto ancora?   Gli anziani, niente. Ma è stato arrestato dalla polizia.

6   .... arrestato! Perchè?   Perchè non si va in giro in mutande nel mese di novembre (e non si fanno bagni nelle fontane, neanche d'estate!).

V   1   La signora Caselli si è trovata molto bene a Firenze. Perchè?

     2   Secondo lei, è stata una buon'idea riservare la parte centrale di Firenze per i pedoni? Perchè?

     3   Perchè prende la laurea la signora Caselli?

4 Come mai riesce a studiare con tre bambini?
5 Sia Adolfo che il fratello della signora Caselli sono stati perseguitati
  dagli 'anziani'. Chi ha sofferto di più? Perchè?
6 Adolfo è stato buttato nel Tevere?
7 Che cosa pensa Lei di questi scherzi?

(Secondo me . . .
Divertenti? esagerati? crudeli? stupidi? infantili?
Non bisogna prenderli sul serio?
I giovani sono così in tutti i paesi del mondo.
Dipende dalle circostanze.)

Un tipico mercato fiorentino

DONNE AL VOLANTE E UOMINI IN BICICLETTA!

Franca Bizzoni now talks about men drivers and a man gives his opinion of women at the wheel.

Maria Laura   Cosa pensa adesso degli uomini che guidano?

Sig.na Bizzoni   Dunque, cosa penso degli uomini che guidano? Gli uomini che guidano sono più sicuri delle donne, però sono anche più prepotenti. E si ritengono i migliori guidatori della città. Difficilmente cedono il passo — o meglio, cedono la strada no? — ad una donna, specialmente se hanno la macchina grande, la macchina di rappresentanza, la macchina blu, come diciamo noi. In genere gli uomini che guidano, ritengono le donne al volante molto pericolose. Lei sa il famoso detto: 'Donna al volante, pericolo costante'. Se una donna si ferma per un attimo di esitazione perchè ha sbagliato la strada o perchè davanti ad un semaforo non ingrana immediatamente la prima e scatta al . . ., allo scattare del verde, gli uomini normalmente dicono: 'Beh, cosa ci vuoi fare, è una donna!'

Un signore   Io guido pacificamente nei confronti delle donne. Sono loro che guidano in un modo aggressivo nei confronti degli uomini. Forse perchè hanno capito che il movimento per la liberazione femminile deve cominciare la sua azione, appunto, dal traffico. E quindi le donne pensano di mettersi alla pari degli uomini, alla pari della loro aggressività subita per millenni, come loro dicono, cominciando da questa situazione, la situazione del . . ., del traffico. Si vedono quindi le ragazze, specialmente le ragazze, che cercano di assalire le macchine degli uomini, tagliando loro la strada oppure impedendo loro di . . ., di camminare regolarmente insomma. Oppure ci sono le altre donne, quelle che hanno superato la quarantina, diciamo, le quali, viceversa, hanno un atteggiamento molto più remissivo. Sono impaurite, sono indecise, e ostacolano il traffico per delle altre ragioni. Ma io penso che tutto fa parte di una strategia femminile. Cioè si sono divise, sempre le donne, il compito di ostacolare il traffico automobilistico degli uomini con due divisioni: una divisione d'attacco e una divisione di resistenza.

Gianni talks to some students who are queueing to borrow bicycles in the Cascine park in Florence.

Gianni   Le Cascine sono un grande parco di Firenze, molto bello, percorso anche da strade asfaltate. Il Comune di Firenze ha pensato di chiudere il traffico delle automobili. E siccome il parco è molto grande, allora i fiorentini possono percorrerlo in bicicletta. Il Comune fornisce le biciclette gratuitamente. E così il parco ora pullula, è pieno di fiorentini in bicicletta. Veramente non ce n'è

'Avanti, qui ci sono biciclette da noleggiare'

quasi neppure uno, ma è che oggi fa un freddo cane. Troviamo però vicino alla baracchetta, nella quale si noleggiano le biciclette, alcuni coraggiosissimi giovanotti. Dunque, come mai siete qui, malgrado la temperatura quasi sottozero?

Studente   Beh, veramente, noi siamo degli studenti molisani, non di Firenze. Siamo venuti qui a trovar degli amici. Noi siamo di Bologna, cioè stiamo a Bologna. Siamo venuti qui a trascorrer una giornata a Firenze.

Gianni   Una giornata di sole, di caldo . . .

Studente   No, no. Anche a Bologna fa abbastanza freddo. Comunque una giornata diversa dalle altre. Siamo venuti qui sapendo che c'erano delle biciclette da noleggiare.

Gianni   Tocca a Lei. Non perda . . ., non perda il momento buono.

Studente   Grazie, arrivederci.

Gianni   È una fila questa, una fila italiana un po' disordinata. Un altro signore. Cosa pensa di questa iniziativa del Comune di Firenze?

Secondo studente   La trovo ottima, questa iniziativa.

Gianni·   E Lei, cosa ne pensa?

Terzo studente   Beh, è un'iniziativa bellissima, perchè si può vedere questo bellissimo parco, si può andare in bicicletta, anche se oggi fa freddo. È la prima volta, vogliamo provare anche noi.

Gianni   Senta, c'è bisogno in Italia, secondo Lei, di iniziative come queste? Di diminuire il traffico?

Terzo studente   C'è un bisogno . . . molto, molto, molto bisogno di questo.

Gianni   Di solito queste cose le dicono i vecchietti, che si lamentano, dicono: Ah, c'è troppo traffico, una volta sì . . . Lei è giovane, dovrebbe vivere la nostra epoca più, più, più tranquillamente, non dovrebbe sentire il peso del traffico, e invece?

Terzo studente   Sì, perchè infatti non si può più, guardi. Anche a Firenze, perchè sono le strade strettissime, il traffico è un caos pazzesco. Quindi noi veniamo qui proprio per trascorrer un paio d'ore di calma e . . ., insomma e anche un po' di solitudine, anche con gli amici.

Gianni   Lei è fiorentino?

Terzo studente   No, sono molisano, anch'io, studente.

Gianni   Anche Lei, sì. Però vive a Firenze?

Terzo studente   Vivo a Firenze, sì.

Gianni   Anche il centro di Firenze dovrebbe essere chiuso al traffico, secondo Lei?

Terzo studente   Sì, almeno alcune strade. Le strade più belle, le strade in cui si può passeggiare, si può discutere liberamente, senza avere la paura che qualche macchina arriva dietro e 'zop', ti porta avanti con . . ., con lei fino al centro, insomma.

Gianni   Grazie.

PAROLE ED ESPRESSIONI

difficilmente cedono il passo . . .
they're very unlikely to give way . . .

o meglio
or rather

la macchina di rappresentanza, la macchina blu
dark blue car — an official car used by top civil servants and diplomats.

per un attimo di esitazione
because of a moment's hesitation

ha sbagliato la strada
she's taken the wrong turning

non ingrana immediatamente la prima e scatta allo scattare del verde
she doesn't get into first straight away and move off immediately the lights change. (**la prima** is **la prima marcia** *first gear*).

cosa ci vuoi fare?
what can you do about it?

pensano di mettersi alla pari degli uomini
they think they can put themselves on a par with men.

subita per millenni
(which they have) endured for thousands of years

tagliando loro la strada
cutting in in front of them

impedendo loro di camminare regolarmente
preventing them from driving properly

che hanno superato la quarantina
who are over 40

si sono divise, sempre le donne, il compito . . .
they — I'm still talking about women — have shared out the task . . .

percorso anche da strade asfaltate
with roads running through it as well

non ce n'è quasi neppure uno, ma è che oggi fa un freddo cane
there's hardly even one, but the fact is today it's bitterly cold. **Fa un freddo cane** is very colloquial.

siamo venuti qui a trovar degli amici
we've come here to see some friends. (Notice the common idiomatic use of **trovare** here).

noi siamo di Bologna, cioè stiamo a Bologna
we are from Bologna, that is to say we are living in Bologna (**stare** often means *to live*).

delle biciclette da noleggiare
bicycles for hire

tocca a Lei
it's your turn

non perda il moménto buono
don't miss your chance

dovrebbe vivere la nostra epoca più tranquillamente, e invece . . . ?
you should be able to cope with modern life more easily, and yet... ?

non si può più, guardi
things have become impossible, you know

un paio d'ore di calma
a few hours of peace

(1) sostegno appoggio   (2) ha fatto propaganda

VITA E AMBIENTE

Movimento per la liberazione della donna

The MLD (Movimento liberazione della donna) hasn't attracted very much *(1)* support so far, although it has campaigned vigorously for divorce and legal abortion. It is not easy though to create a strong Women's Lib. front in Italy given the nature of Italian social and family life.

Le Cascine

This is a public park with an area of over 250 acres extending for about two miles along the right bank of the Arno. It once belonged to the Grand Dukes of *Medici* Lorraine and was opened to the public in the 18th century. A **cascina** is that part of a farm where the cows are kept and butter and cheese are made. In fact, this park once contained a number of farmhouses. On Ascension Day the **Festa del Grillo** (the Feast of the Cricket) when children are given live crickets in tiny cages is held here. This is the only tradition left over from the May festivities, **le Maggiolate**, when especially during the Renaissance, the people of Florence celebrated the beauty of springtime and the wonder of the earth's renewal.

Alle Cascine la vita è piu a dimensioni umane

1 Si ritengono i migliori guidatori della città.

They consider themselves the best drivers in town.

Gli uomini che guidano ritengono le donne al volante molto pericolose.

Men who drive consider women drivers to be very dangerous.

Ritenere here means *to consider,* and the reflexive **ritenersi** *to consider oneself.* Compare **considerare** and **considerarsi** in chapter 4:

Le donne che guidano non sono considerate molto bene dagli uomini.

Lei si considera un asso del volante? Mi considero bravina.

dedicare and **dedicarsi**:

Gli operai hanno deciso di dedicare un monumento alla mula.

Mi dedico parecchio all'associazione dei genitori della scuola che i miei bambini frequentano.

Sometimes the reflexive pronoun (**mi, si** etc.) corresponds to the English *myself, yourself, himself,* etc. But this is not generally the case:

chiamare *to call.*
Ho chiamato un taxi.
Sua moglie lo chiama ogni sera.

chiamarsi *to be called.*
Come si chiama Lei?
Il cane si chiama Greyfriars Bobby.

sposare *to marry*
Anna ha sposato un inglese.

sposarsi *to get married*
Si è sposata in maggio

fermare *to stop* (someone or something).
I pappagalli fermano tutte le ragazze straniere.

fermarsi *to stop* (of one's own accord).
Mi fermo sempre ai semafori.
Il mio orologio si è fermato.

2 Gli uomini che guidano sono più sicuri delle donne.

Men drivers are more confident than women.

Italian often uses the definite article (**il, la** etc.) to talk about things in a general way:

Io amo i gatti.
La donna non è solo una massaia.
L'entusiasmo ce l'ho, la buona volontà ce l'ho.
L'amore è cieco.

I love cats.
A woman is not just a housewife.
I've got enthusiasm, I've got good will.
Love is blind.

3 davanti ad un semaforo

Davanti (*before, in front*) is connected to a following noun or pronoun by **a**:

Di chi è la macchina parcheggiata davanti alla scuola?

Whose is the car parked outside (in front of) the school?

A is used in the same way after **vicino**, **intorno**, **in mezzo** and **fino**:

Conosciamo tutte le persone che abitano intorno a noi.

Di chi è quella macchina parcheggiata in mezzo alla strada?

Ho vissuto a Roma fino all'età di ventun anni.

Fino a also means *as far as*:

Mi hanno accompagnato fino all'angolo.	They went with me as far as the corner.

4 Le donne pensano di mettersi alla pari degli uomini. — Women think they can put themselves on a par with men.

Credere is used with **di** in the same way as **pensare**:

Non credo di poter andare alle Cascine domenica.	I don't think I can go to the Cascine on Sunday.
Lui crede di parlare inglese, ma non lo sa affatto.	He thinks he can speak English, but he doesn't know it at all.

5 impedendo loro di camminare regolarmente.

This could also be expressed as:

Questo impedisce loro di camminare regolarmente.

or Questo gli impedisce di camminare regolarmente.

Impedire (*to prevent, hinder*) like **piace**, **sembra** and **conviene** (5.5) takes the indirect forms: **Le**, **gli**, **le**:

Questo rumore Le impedisce di lavorare?	Does this noise stop you from working?
Gino non prende caffè. Gli impedisce di dormire.	Gino isn't having any coffee. It prevents him from sleeping.

Notice that **impedire** is used with **di** in the same way as **dire** (6.8).

6 Siamo venuti qui sapendo che c'erano delle biciclette da noleggiare. — We came here knowing that there were bicycles for hire.

This form of the verb ending in **-ndo** practically always corresponds to an English form ending in **-ing**. It is formed by changing the infinitive endings in this way:

—are *to* —ando	—ere *and* —ire *to* —endo	
andare—andando	sapere—sapendo	impedire—impedendo
visitare—visitando	prendere—prendendo	dormire—dormendo

Andando in bicicletta, si può vedere tutto il parco.	Riding on a bicycle, you can see the whole park.
Vivendo a Roma, si hanno molte possibilità di comunicare con la gente.	Living in Rome one has a lot of chances to communicate with people.

These three verbs are slightly different:

fare—facendo; bere—bevendo; dire—dicendo.

7 Il Comune di Firenze ha pensato di chiudere il traffico delle automobili. . . .

The perfect of **pensare** is often much stronger than the English *thought*. In this example, the municipal authorities have not only thought about it; they have actually *stopped* cars going through the Cascine.

Hanno anche pensato di riservare la parte centrale della città per i pedoni (They have actually *done* this).

Abbiamo pensato di lasciare i nostri bagagli alla stazione. (We've left our luggage there.).

Sometimes it means *decided*:

Ho pensato di partire domani   I've decided to leave tomorrow
mattina.   morning.

But in the negative it is closer in meaning to the English:

Non ho mai pensato di cambiare   I've never thought of moving house.
casa.

8 le strade in cui si può passeggiare,   the streets where (in which) you can
si può discutere.   stroll, where you can talk.

Cui is used instead of **che** (1.2) after a preposition (**in, di, a, per**, etc.):

Roma è una città in cui è difficile vivere, vero?

Ecco la ragazza a cui ho dato i soldi.

La persona di cui ho parlato non si ferma mai ai semafori, per cui prende sempre un sacco di multe!

Per cui often means *for which reason* and usually corresponds to the English *and so*:

Ci sono tanti piccoli artigiani che abitano in questo quartiere, per cui non è difficile trovare un idraulico o un falegname.

9 Il centro di Firenze dovrebbe essere   The centre of Florence ought to be
chiuso al traffico.   closed to traffic.

Dovrebbe is the singular (**lei, lui**) form of **dovrebbero** (4. 4).

Lei dovrebbe venire a trovarci più   You ought to come and see us more
spesso.   often.

Se i pappagalli Le danno fastidio,   If the pappagalli annoy you, you
dovrebbe dirgli di . . .   should tell them to . . .

Una ragazza di buona famiglia   A well brought up girl should never
non dovrebbe mai dire parolacce!   use bad language!

ORA TOCCA A LEI!

I   You are a little too anxious to please!

Cosa pensa di questa iniziativa?   La trovo ottima.

1 Cosa pensa Lei dei miei disegni? ....

2 Le piace questo sistema di lavoro? ....

3 Cosa pensa delle mie idee? ....

4 Cosa pensa della televisione italiana? ....

5 E... i nostri programmi? ....

II   Adolfo is the victim of a practical joke. A 'friend' has given his address to a host of people who want different things. They all descend on him at once.

Chi siete? Cosa volete?   Noi *siamo* degli studenti. *Siamo venuti qui a* trovare degli amici.

1 E quella ragazza, chi è? Cosa vuole?   ....una turista inglese .... noleggiare una bicicletta.

2 E quel signore lì?   .... un industriale .... comprare una fabbrica.

3 E Lei, signore?   Io .... un idraulico .... riparare il riscaldamento centrale.

4 E Lei, signora?   Io .... una domestica .... cercare lavoro.

5 E quelle ragazze? Chi sono? Cosa vogliono?   ....delle turiste tedesche. ....chiedere informazioni.

6 E quei ragazzi?   Ah! Loro .... dei pappagalli. .... cercare delle ragazze straniere.

Mi dispiace ma questo non è un manicomio! (*lunatic asylum*).

III   The Insomniacs.

Your host has just made a fresh pot of coffee, but it's well after midnight and you are all very tired.

Lei vuole un caffè?   No, grazie. Io non bevo mai caffè prima di andare a letto, perchè mi impedisce di dormire. Mi tiene sveglio (sveglia) tutta la notte. (*It keeps me awake all night*).

1 Gino vuole un caffè?   No. Lui ....

2 E Giulia?   Neanche. Lei ....

3 I suoi amici vogliono un caffè?   No. Loro ....

4 E le ragazze?   Loro ....

5 Ragazzi! Volete un caffè?   Grazie, ma noi ....

Allora buona notte e sogni d'oro (*sweet dreams!*).

IV Here are seven problems (1–7) and seven solutions (A–G). Match them.
1 È impossibile guidare per le vecchie strade di Roma!
2 Non riesco a capire gli italiani quando parlano in fretta!
3 Non riesco a parcheggiare qui!
4 Non è possibile trovare un posto senza turisti d'estate.
5 Ho sempre l'impressione di ostacolare gli altri quando mi fermo al
   semaforo.
6 Non posso mantenere la mia famiglia con un solo stipendio.
7 Non riesco a dormire la notte.

A Deve trovare un posto più grande o comprare una macchina più piccola.
B Dovrebbero bloccàre l'ingresso delle macchine al centro.
C È necessario avere la macchina per andare nei posti fuori mano.
D Dovrebbe mandare Sua moglie a lavorare.
E Lei ha bisogno di lezioni private.
F Allora non deve bere caffè dopo cena.
G Dovrebbe ingranare immediatamente la prima allo scattare del verde.

If you're still making mistakes when you speak Italian, never mind:
Sbagliando s'impara!

Signora Salvati describes her life as a young girl 60 years ago.

Maria Laura   Signora, Lei quanti anni ha?

Signora Salvati   Ora?

Maria Laura   Adesso.

Signora Salvati   Ottantadue.

Maria Laura   Ottantadue anni! Quindi Lei ha vissuto agli inizi del '900! Era giovane allora! Mi può dire come si viveva a quei tempi, come vivevano le ragazze?

Signora Salvati   Sempre in casa, si usciva pochissimo, sempre a lavorare, in, in chiesa, a lavorare. Io sapevo molto lavorare a ago, a ricami, a uncinetto; sempre giù, con la testa giù a lavorare, a lavorare. Se si usciva oggi, non si usciva domani, eh, perchè non si doveva uscire, si stava in casa.

Maria Laura   Eravate una famiglia patriarcale?

Signora Salvati   Eh, sì, altro!

Maria Laura   Con moltissimi figli? (*Eh!*) Quanti figli avevano in media i Suoi parenti, (*Dunque...*) cugini?

Signora Salvati   La mia mamma aveva tre..., tre fratelli, ognuno di loro aveva otto figli. Noi eravamo cinque.

Maria Laura   Ma Lei aveva la possibilità di conoscere anche dei ragazzi?

Signora Salvati   No, no, solamente fra di noi, cugini, cugini e basta. Non avevamo amicizie (*E come...*) come oggi.

Maria Laura   Come ha conosciuto quello che poi è diventato Suo marito?

Signora Salvati   Io ero tornata dal collegio da pochi mesi, pochi anni, e allora stavamo in casa di un mio zio, e questo giovane veniva sempre in casa di questo zio. Eravamo quasi parenti, parenti molto lontani. E allora ci siamo visti, ma io non dicevo niente, nè lui diceva niente a me, non ci davamo neanche la mano, perchè non si dava la mano. La prima volta che ci siamo dati la mano, il giorno che ci siamo fidanzati. E lui veniva in casa mia, due volte la settimana ci vedevamo: il giovedì sera, quando finiva il suo lavoro, veniva per qualche ora e la domenica veniva a pranzo e poi andava via il pomeriggio, ma non restavamo mai soli. Quando lui è venuto dalla mia mamma a chiedere la mia mano, io non ci sono stata, solo la mia mamma e lui e una mia zia. Poi quando è andato via e..., mentre lui scendeva le scale, una mia cugina ha detto: 'Eh! per lo meno datevi la mano!' E allora ci siamo dati la mano la prima volta, appena appena, per le scale, e basta. Qualche giorno dopo, le prime volte che abbiamo cominciato a parlare fra di noi, io gli ho domandato: 'Da quanto tempo mi vuoi bene?' E lui ha detto: 'Da due anni'. Ma non mi aveva mai detto niente.

Maria Laura   Signora, quando Lei si è sposata, i Suoi genitori Le hanno fatto un corredo?

Signora Salvati   Eh, che ce l'ho ancora! Molta roba!

Maria Laura   Com'era questo corredo? Com'era? Quante cose?

Signora Salvati   Prima, per esempio, quando è sposata la mia mamma, diceva che lei ha avuto cento lenzuola, cento camicie, cento di tutto, ogni capo cento.

Maria Laura   E il Suo corredo era tutto ricamato?

Signora Salvati   Molto, molto ricamato.

Maria Laura   E adesso invece non si usa più fare il corredo.

Signora Salvati   Eh, adesso si usa a momenti una valigia. Prima c'erano delle casse, ma tante casse, magari non si pensava tanto alla casa, si pensava al corredo.

Maria Laura   Signora, che cosa pensa delle ragazze di oggi, delle ragazze moderne?

Signora Salvati   Oggi è tutto il contrario di prima. Si esce oggi continuamente, si esce col fidanzato...

Maria Laura   Ma, Le sembra che le ragazze moderne sono troppo libere?

Signora Salvati   Forse prima erano troppo chiuse, no? Invece oggi è proprio tutto il contrario, i due estremi.

Maria Laura   Quindi le ragazze moderne, secondo Lei, sono un po' troppo moderne?

Signora Salvati   Eh, un po' troppo, sì.

PAROLE ED ESPRESSIONI

agli inizi del '900	at the beginning of this century
a quei tempi	in those days
sempre a lavorare	always working
non si doveva uscire	you weren't supposed to (allowed to) go out
sì, altro! (*or* altro che!)	yes, indeed!
i Suoi parenti	your relatives, relations
in media	on average
noi eravamo cinque	there were five of us
fra di noi	among ourselves
quello che poi è diventato Suo marito	the man who later became your husband
io ero tornata dal collegio da pochi mesi	I had only been back from boarding school for a few months
e allora stavamo in casa di un mio zio	and at that time we were living in the house of an uncle of mine.
ci siamo visti	we saw each other
nè lui diceva niente a me	and *he* didn't say anything to *me* either
non ci davamo neanche la mano perchè non si dava la mano	we didn't even use to shake hands, because one didn't shake hands
dalla mia mamma	to see my mother — to my mother's house. **Andare da qualcuno** *to go to somebody's place:* **vado dal medico:** *I'm going to the doctor's.*
per lo meno datevi la mano	at least shake hands
appena appena	only just . . ., hardly at all. Words are often repeated for emphasis: **piano piano**, *very slowly, very very softly.*
per le scale	on the stairs (**per la strada**: in the street).
gli ho domandato = gli ho chiesto	I asked him
da quanto tempo mi vuoi bene?	how long have you loved me? (**Ti voglio bene, ti amo**: *I love you*).
ma non mi aveva mai detto niente	but he had never said anything to me
che ce l'ho ancora!	and I've still got it!
molta roba!	a lot of stuff (**la mia roba**: *my things*).
quando è sposata la mia mamma	it would be more usual to say: **Quando si è sposata** . . . (see 7.2).
cento lenzuola	a hundred sheets. (*One sheet* is **un lenzuolo**).
non si usa più fare il corredo	it's no longer the custom to give a **corredo**

si usa a momenti una valigia	they barely use a suitcase
oggi è tutto il contrario di prima	today things are completely the other way
si esce col fidanzato	they go out with their fiancés.

col is short for **con il**.

VITA E AMBIENTE

La famiglia patriarcale

This was typical of the whole of Italian society up to the 2nd World War. Old people used to play an important rôle in the family unit — the grandfather, **il nonno**, and the grandmother, **la nonna** — in particular. This situation is less common in towns now, although it still exists in country areas and particularly in the South. In areas of high emigration children whose parents are working abroad are looked after by their grandparents.

il corredo

This is the 'bottom drawer' the girl takes to her new home when she gets married. It usually consists of household things like linen, towels, etc., but can also include personal items.

In some areas on the day of the wedding a special display is made of the **corredo** together with the wedding presents, so it is pretty important for the bride and her family that the **corredo** should be very beautiful! In some places the **corredo** used to be made up of 100 pieces of each item, 100 sheets, towels, tablecloths, napkins, etc. (Definitely for trunks rather than cases!).

Now things have changed considerably although in the South giving a girl her **corredo** — which starts to be built up when she is very small with presents from aunts etc. — is still looked upon as a point of honour by her family.

LA LINGUA

1 come si viveva	how one used to live
si usciva pochissimo	we (one) used to go out very little
si stava in casa	we (one) used to stay at home

This form of the verb (**viveva, usciva, stava**) is called the imperfect. It is used to describe how things *used to* be.

The **lui** form of the imperfect is obtained by changing the **—re** of most infinitives to **—va**:

stare—stava	piacere—piaceva	uscire—usciva
andare—andava	avere—aveva	venire—veniva

La mia mamma aveva tre fratelli.

La domenica veniva a pranzo e poi andava via il pomeriggio.

Note also:

bere—beveva   dire—diceva   fare—faceva
essere—era

| Fino a tre anni fa Piero faceva la guida turistica a Firenze. Diceva sempre che era molto contento di aver trovato un lavoro che gli piaceva. | Until 3 years ago Piero used to work as a tourist guide in Florence. He always used to say that he was very pleased to have found a job he liked. |

2   come vivevano le ragazze   how girls used to live

For the **loro** form of the imperfect add -**no** to the **lui** form. The accent remains in the same place.

lavorava—lavoravano   diceva—dicevano
doveva—dovevano   faceva—facevano
usciva—uscivano   era—erano

Agli inizi del '900, le ragazze non erano libere come oggi.

Dovevano stare sempre in casa a lavorare.

Uscivano pochissimo, e quindi non avevano la possibilità di conoscere molti ragazzi. Però, c'erano anche dei vantaggi.

Quali erano questi vantaggi? A dire la verità, non lo ricordo più!

3   Io sapevo lavorare a ago.   I could (I used to know how to) do needlework.

The **io** form has - **vo** instead of - **va**:

lavorava—lavoravo   faceva—facevo   usciva—uscivo

Note: io ero.

Quando ero giovane, lavoravo a Roma. Facevo l'interprete. Mi trovavo molto bene. Uscivo tutte le sere.

4   Non avevamo amicizie.   We didn't have any friends.
    Eravate una famiglia patriarcale?   Were you a patriarchal family?

The **noi** and **voi** forms have - **vamo** and - **vate** respectively, with the accent on the -**va**-

Note: noi eravamo, voi eravate

Dove abitavate allora?	Stavamo in casa di un mio zio.
Che cosa facevate la sera?	Leggevamo, scrivevamo delle lettere, lavoravamo ad ago.
Non uscivate?	Quasi mai.
Eravate contente di questo modo di vivere?	Beh! C'eravamo abituate!

5 Ci siamo visti.   We saw each other.

Certain reflexive verbs have a special meaning in the plural forms:

    Noi ci vediamo spesso.   We see each other often.

    Loro si vedono raramente.   They see each other rarely.

Other verbs which contain this idea of *each other* or *one another* are **baciarsi** (to kiss), **incontrarsi** (to meet), **innamorarsi** (to fall in love), **fidanzarsi** (to get engaged), **sposarsi**, **separarsi** (to separate, part company) and **darsi qualcosa** (to give each other something).

This poignant little love story illustrates the perfect:

    Ci siamo visti, ci siamo innamorati. Ci siamo dati la mano e ci siamo baciati. Dopo una settimana ci siamo fidanzati, e alla fine del mese ci siamo sposati.

    E poi? Dopo un anno ci siamo separati.

Telling this story *about* them, you would say:

    Si sono visti, si sono innamorati. Si sono dati la mano ....etc.

And, if you wanted to ask them questions:

    Dove vi siete incontrati? Quando vi siete sposati? Perchè vi siete separati?

6 Non ci davamo neanche la mano.

    La prima volta che ci siamo dati la mano . . .

Signora Salvati uses the imperfect to talk about what was usual, habitual (**non ci davamo la mano** etc.) and the perfect to refer to specific occasions (**La prima volta che ci siamo dati la mano** etc.)

    Questo giovane veniva sempre in casa di questo zio.

    Poi un giorno .... è venuto dalla mamma a chiedere la mia mano.

    Ci siamo visti, ci siamo innamorati.

    Dopo ...... ci vedevamo almeno due volte alla settimana.

    Io non dicevo niente, nè lui diceva niente a me.

    Poi un giorno ...... mentre lui scendeva le scale, una mia cugina ha detto . . .

(**scendeva** here means *was going down*).

7 Il giovedì sera veniva per qualche ora.

    il giovedì sera   on Thursday evenings

Note how the singular form of the definite article used with days of the week and parts of the day (**mattina, pomeriggio, sera**) often gives this idea of frequency:

    La domenica veniva a pranzo e poi andava via il pomeriggio.

    Se bevo il caffè non riesco a dormire la notte (at nights).

8 Non si pensava tanto alla casa.

pensare a is *to reflect on, direct your thoughts to*:

Penso sempre alla mia famiglia.

Le manca il Suo paese? Ci penso continuamente. (See 1.6.)

pensare di is used for matters of opinion:

Che cosa pensa delle ragazze di oggi?

9 un mio zio   an uncle of mine

Un and **una** are often used before possessives:

May I introduce...

Posso presentare	un mio amico?	a friend of mine.
	un mio collega?	a colleague of mine.
	un mio cugino?	a cousin of mine.
	un mio studente?	a student of mine.
	un mio compagno di scuola?	a schoolfriend of mine.

The feminine forms are **una mia amica, una mia collega, una mia cugina, una mia studentessa, una mia compagna.**

Note that **collega** is like the words in - **ista** (3.9):

il mio collega — i miei colleghi, la mia collega — le mie colleghe.

10 Non mi aveva mai detto niente.   He had never said anything to me.

Here are two more examples of **avevo**, etc., followed by the past participle:

Prima di quella sera non avevo mai parlato con lui.	Before that evening I had never spoken to him.
La donna si è fermata perchè aveva sbagliato strada.	The woman stopped because she had taken the wrong road.

With reflexive verbs and with **andare, venire, essere**, etc. the imperfect of **essere** (**ero**, etc.) is used instead of **avere**:

Io ero tornata dal collegio da pochi mesi.	I hadn't been back from boarding school for many months.
Quando siamo arrivati, i ragazzi erano già partiti.	When we got there the boys had already gone.
Giorgio si era già laureato quando l'ho conosciuto.	Giorgio had already graduated by the time I met him.

11 Come ha conosciuto quello che poi è diventato Suo marito?
You might ask a man:

Come ha conosciuto quella che poi è diventata Sua moglie?

quello che, quella che	the one (man, woman) that
quelli che, quelle che	those who, those that

These words may refer to people or things:

Quali sono i guidatori più pericolosi? Quelli che non rispettano il codice stradale.	Who are the most dangerous drivers? Those who don't respect the highway code.

Le canzoni che preferisco sono quelle che canto con gli amici.

Quello che also means *what* in sentences like:

Quando sono al mare, quello che mi piace di più è fare il bagno a mezzanotte
(midnight bathing).

And then there's the story of the priest who told his congregation:
Fate quello che dico e non quello che faccio!

ORA TOCCA A LEI!

I   Commercial.

Fino a qualche anno fa, ero sempre triste.	Ora, invece, *sono* sempre allegro (allegra).
1 Non avevo amici.	Adesso ne .... molti.
2 Non uscivo mai.	Adesso, invece, ...tutte le sere.
3 Non andavo mai a ballare.	Ma ora ci .... due volte alla settimana.
4 Non conoscevo nessuno.	Adesso .... tutta Londra.
Come mai?	Ho scoperto un nuovo dentifricio!

II   Uno scambio di opinioni.

Two elderly gentlemen on a park bench talk about old times.

Oggi i ragazzi non rispettano più i genitori.	Ai nostri tempi, invece, i figli rispettavano i genitori!
1 Ora i ragazzi fanno quello che vogliono.	Una volta .... quello che .... i genitori.
2 Pensano solo a divertirsi.	Prima i giovani erano più seri. .... di più al lavoro.
3 Oggi hanno troppi soldi da spendere.	Noi non .... tanti soldi. Però, secondo me, ... molto più contenti

4 E le ragazze! Non sanno neanche cucinare!

Le nostre madri, invece, ... cucinare benissimo!

5 Non stanno mai in casa!

Quando io ero giovane, le ragazze .... sempre in casa.

6 Escono tutte le sere con i ragazzi.

Ai nostri tempi le ragazze non ....mai.

7 Possono fare quello che vogliono.

Prima non .... fare quello che ...... e, secondo me, ... molto più contente!

8 Tutto va di male in peggio!

Mentre prima, tutto ....bene!

Io trovo che Lei dice delle cose molto sensate! (*sensible*).

Come fa bene uno scambio di opinioni! Si impara sempre qualcosa di nuovo!

III
1 Quando era giovane, la signora Salvati non aveva la possibilità di conoscere molti ragazzi. Perchè?
2 Dove ha conosciuto quello che poi è diventato suo marito?
3 Come si comportavano all'inizio?
4 Quando è stata la prima volta che si sono dati la mano?
5 Chi c'era quando lui è venuto a chiedere la sua mano?
6 Lei non sapeva che lui le voleva bene da due anni. Come mai?
7 Che cosa pensa la signora Salvati delle ragazze moderne? Come le sembrano?

IV Ci potrebbe raccontare qualcosa della Sua vita? Come viveva Lei quando aveva sedici anni?
1 Dove abitava Lei?
2 Quanti eravate in famiglia?
3 Usciva spesso o doveva stare in casa?
4 Aveva molti amici?
5 I Suoi genitori erano molto severi o poteva fare quello che voleva?
6 Andava in vacanza con la famiglia? Dove andavate?
7 Cosa faceva la sera? Leggeva? Guardava la televisione?

10 UNA FAMIGLIA FIORENTINA

Gianni   Quanti bambini avete?

Sig.ra Carniani   Una bambina.

Gianni   Vi volete presentare?

Sig.ra Carniani   Sì, Gabriella Carniani.

Signor Carniani   E Mario Carniani.

Gianni   Che cosa fa, Signor Carniani?

Signor Carniani   Io sono insegnante.

Gianni   E Lei, signora?

Sig.ra Carniani   Canto nel coro del Teatro Comunale di Firenze.

Gianni   Ditemi come vivete, una vostra giornata normale di lavoro.

Signor Carniani   Dunque, io vado a scuola la mattina, e . . ., le lezioni incominciano alle otto e mezzo. Ci alziamo alle otto perchè la scuola è molto vicina. Poi finisco alle dodici e trenta, torno a casa per il pranzo. Nel pomeriggio ho delle lezioni all'Istituto Britannico di Firenze. Qualche volta ho delle riunioni a scuola e faccio anche un corso di lingua inglese a Prato, per cui tutti i pomeriggi più o meno sono impegnati. Poi alle otto e mezza ci vediamo per la cena, e dopo cena normalmente stiamo in casa.

Gianni   Signora, Lei lo vede poco, Suo marito? (*Eh, sì*) È un uomo impegnato.

Sig.ra Carniani   Eh sì, è molto impegnato. Lui torna alle una per il pranzo e poi esce quasi subito e ci vediamo così la sera.

Gianni   E la bambina, quando vi vede? Va a scuola?

Sig.ra Carniani   La bambina, la bambina, io faccio un lavoro che . . ., veramente l'orario è molto limitato perchè entro alle dieci, alle dieci e mezzo esco e — dieci e tre quarti, dieci e mezzo — poi appunto vedo la bambina perchè torna da . . ., di fuori con la donna. E poi le dò il pranzo e così cerco di giocare un po' con lei. E poi la bambina va a riposare, e io dopo vado al Comunale alle quattro per uscire alle sei e dopo le sei gioco con lei fino all'ora di . . ., di cena e poi la metto a letto.

Gianni   Vedete molti amici?

Signor Carniani   Ma, spesso io vedo i miei amici quando ci sono delle riunioni nel pomeriggio. Sono specialmente insegnanti. Qualche volta i nostri amici vengono a trovarci dopo cena. Facciamo delle lunghe chiacchierate, parliamo un po' di tutto . . .

Gianni   Giocate a carte?

Signor Carniani   Giochiamo a carte.

Gianni   Guardate la televisione assieme?

Signor Carniani   No, mai, no, dopo cena, se ci sono gli amici, la televisione veramente la mettiamo in un angolo e non la guardiamo più. Purtroppo quando non ci sono gli amici, direi che è quasi impossibile non guardare la televisione. Almeno per me è abbastanza facile, ma per mia moglie direi che la televisione dopo cena è quasi un modo per rilassarsi dopo la giornata lunga e faticosa.

Gianni   È così?

Sig.ra Carniani   Sì, io la sera faccio la calza perchè mi rilassa moltissimo e guardo la televisione.

Gianni   Lei è di quelle signore che fanno i maglioni per il marito? Signor Carniani, che dice? Quei maglioni che sono enormi? Non sta . . . (*Sì, infatti*). Sentiamo, sentiamo.

Signor Carniani   Beh, direi che proprio ne ho uno bellissimo verde, ma lo . . ., lo lascio per quando avrò ancora tre o quattro chili o forse di più.

Gianni   Di più.

Signor Carniani   Perchè veramente è abbondantissimo! Però veramente mi ci sento molto caldo dentro.

Gianni   Sì, sì, qualche chilo di lana. E uscite spesso? Andate al cinema, a ballare, ecco, a ballare?

Sig.ra Carniani   Ma a ballare no, perchè mio marito non è un ballerino e io neanche.

Signor Carniani   Ma io volevo dire che ci siamo incontrati proprio ballando, quando siamo stati tutti e due in una sala fiorentina per una festa di Carnevale e lì ci siamo incontrati.

Gianni   Eravate mascherati a questa festa di Carnevale?

Signor Carniani   No, non mi pare. Ti ricordi?

Sig.ra Carniani   No, no, no, no.

Signor Carniani   Mi ricordo che tu avevi un vestito di 'paillettes', vero? (*Sì*)

Gianni   Lei ha una buona memoria . . .

Signor Carniani   Beh, queste cose si ricordano, naturalmente.

Gianni   Ricorda l'anniversario di matrimonio?

I Carniani il giorno del loro matrimonio

Signor Carniani   L'anniversario di matrimonio . . . naturalmente, quattro agosto.
Gianni   Quattro agosto.
Signor Carniani   Del '68.
Gianni   Perchè l'ha suggerito la signora.
Signor Carniani   No, mi veniva in mente il diciannove agosto.
Gianni   Ha visto!
Signor Carniani   Che è la data di nascita della bambina.
Gianni   Ah, allora . . .
Signor Carniani   Perchè noi, noi festeggiamo tutto il mese di agosto.
Gianni   Senta, Sua moglie a casa fa le prove? Cioè si mette al pianoforte e
    canta, canta, canta?
Signor Carniani   Qualche volta canta, qualche volta fa le prove. (*Lei è contento*?).
    Contentissimo. Molto spesso fa le prove al Teatro Comunale perchè non ha
    veramente il tempo di mettersi al pianoforte, perchè ha sempre qualcosa da
    fare in casa, per cui preferisce andare al teatro e fare le prove al teatro. Ma a me
    piacerebbe sentirla di più.

PAROLE ED ESPRESSIONI

vi volete presentare?	would you like to introduce yourselves?
Teatro Comunale	the municipal theatre of Florence
ditemi come vivete	tell me how you live
alle otto e mezza	at 8.30. **Mezza** is an alternative for **mezzo**.
Lei lo vede poco, Suo marito	you don't see much of your husband
alle una	sometimes said instead of **all'una**
alle dieci e tre quarti	at 10.45. (the same as **alle undici meno un quarto**).
giocate a carte?	do you play cards?
un modo per rilassarsi	a way of relaxing
faccio la calza	I knit (lit. I make the stocking!).
Lei è di quelle signore che fanno i maglioni per il marito?	you're one of those ladies who knit big thick sweaters for their husbands?
lo lascio per quando avrò ancora 3 o 4 chili o forse di più	I'm leaving it until I've put on another 3 or 4 kilos (about 8 lb) or maybe more
mi ci sento molto caldo dentro	I feel very hot in it. Notice **ci** comes between **mi** and the verb.
e io neanche	and I'm not either
non mi pare	I don't think so (also **non mi sembra**).

un vestito di 'paillettes'	a dress covered in sequins
queste cose si ricordano	you remember these things (see 7.6).
mi veniva in mente il 19 agosto	I was thinking of the 19th August
ha visto!	there you are!, you see!
fa le prove	rehearses
si mette al pianoforte?	does she sit down at the piano?
a me piacerebbe sentirla di più	I'd like to hear more of her

VITA E AMBIENTE

Carnevale

This is celebrated during the week before Ash Wednesday. In Italy **Carnevale** was particularly important during the Middle Ages and the Renaissance, when Lent really was a period of fasting and penance. **Carnevale** is still celebrated in a few towns with processions of gaily decorated floats. In many areas special dishes are cooked for the occasion and people enjoy themselves at fancy dress balls when traditionally anything goes — **A Carnevale ogni scherzo vale.**
Each town has a traditional figure who is much in evidence at Carnival time: Venice has Arlecchino, Bologna has Pantalone, and Naples has Pulcinella.

LA LINGUA

---

1 Ci alziamo alle otto.

To ask people at what time they do things you can say

A che ora . . . ?	(At what time . . . ?)
or Verso che ora . . . ?	(About what time . . . ?)

A che ora	vi alzate generalmente?	do you generally get up?
	uscite di casa la mattina?	do you leave the house in the mornings?
	rientrate la sera?	do you get back in the evenings?
Verso che ora	andate a dormire?	do you go to bed?

Ci alziamo generalmente alle sette e mezzo.   (at 7.30)
Usciamo di casa verso le nove meno dieci.   (about 8.50)
Rientriamo verso le sei e un quarto.   (about 6.15)
Andiamo a dormire a mezzanotte.   (at midnight)

2 Entro alle dieci, alle dieci e mezzo esco.

Signora Carniani goes in (to work) at 10 o'clock and comes out at 10.30.

Entrare means *to enter, to go in, to come in.*

Another useful verb is **rientrare** *to re-enter, to go (come) back in,* which is often used to mean *get back home* or *go back to work.*

Remember too the idiom **uscire di casa**, *to leave the house.*

Entrare, rientrare, uscire, arrivare and **partire** all make their perfects with **essere**:

MEN

Io sono Gino è	entrato uscito rientrato	presto. tardi. mezz'ora fa. verso le cinque.
Noi siamo I ragazzi sono	entrati usciti rientrati	dopo le quattro. prima delle sei. quando Adolfo non c'era.

WOMEN

Io sono Anna è	partita arrivata	dopo cena. tre giorni fa. il primo luglio.
Noi siamo Le ragazze sono	partite arrivate	il tre agosto. venerdì scorso.

3 La televisione veramente **la** mettiamo in un angolo e non la guardiamo più.

The sentence would sound odd if you left out the **la** before **mettiamo**, which refers back to **la televisione**. This kind of repetition is normal when the usual word order is reversed for emphasis:

    Questo l'ho fatto io.   *I* did (made) this.

    Gli spaghetti li faccio così.   *This* is the way I make spaghetti.

    I bambini li vediamo solo all'ora di cena.

    Al cinema ci vado due volte alla settimana.

    A Giorgio non gli scrivo da qualche anno.

    A queste cose non ci facciamo più caso.

In colloquial Italian this repetition happens quite frequently even when the word order is the normal one:

    Lei lo vede poco Suo marito?

    La trovo ottima questa iniziativa.

4 Mi ricordo che tu avevi un vestito di paillettes.

Ricorda l'anniversario di matrimonio?

To remember is either **ricordare** or **ricordarsi**:

Come si chiama quella ragazza?

Non ricordo *or* Non mi ricordo.   I don't remember.

Similarly, *to forget* is either **dimenticare** or **dimenticarsi**:

Ho dimenticato il suo nome.   I've forgotten her name.

Mi sono dimenticato come si chiama.

5 A me piacerebbe sentirla di più.

A me piacerebbe is an emphatic way of saying **Mi piacerebbe**: *I would like*
Piacerebbe is used in the same way as **piace**. It is usually followed by an
infinitive:

Would you like to . . .

	riposare un po'?	have a little rest?
Le piacerebbe	mangiare qualcosa?	eat something?
	fare una passeggiata?	go for a walk (or a drive)?
	vedere di più Suo marito?	see more of your husband?

6 Mi ci sento molto caldo dentro.

Sentirsi means *to feel* in expressions like:

Non mi sento molto bene oggi.   I don't feel very well today.

Stamattina mi sentivo molto male.   This morning I felt very ill.

Sentirsi di followed by an infinitive means *to feel like doing something*.

Non mi sento di uscire stasera = Non ho voglia di uscire stasera.

7 ha sempre qualcosa da fare

Da is used with infinitives after **qualcosa**, (**che**) **cosa**, **niente**, **molto**,
parecchio (quite a lot), **tanto**, **poco**, etc:

Che cosa c'è			fare	What is there	to do?
C'è	qualcosa molto poco	da	vedere. bere. mangiare.	There's something There's a lot There's not much	to see. to drink. to eat.
Non c'è niente			dire.	There's nothing	to say.

Notice also:

Ci sono molte cose da vedere qui.

Ho un sacco di lettere da scrivere.

Ci sono biciclette da noleggiare.

and the idioms:

Ho da fare.	I'm busy.
Anna mi ha preparato da mangiare.	Anna cooked me a meal.
Mi hanno offerto da bere.	They gave (or bought) me a drink.

Offrire often means much more than *offer*:

Offro io! is the same as **Pago io**! (I'll pay!).

ORA TOCCA A LEI!

I   Changing slightly what Signora Carniani said, we get:

Vedo la bambina quando torna da fuori con la donna. Le do il pranzo e poi cerco di giocare un po' con lei. Poi la bambina va a riposare. Dopo le sei gioco con lei fino all'ora di cena, e poi la metto a letto. Poi la vedo di nuovo la mattina, quando le do la prima colazione prima di andare al lavoro.

Replace **la bambina** by: 1 il bambino
                                2 i bambini
                                3 le bambine,

and make the other necessary changes throughout.

II 1 A che ora si alzano i Carniani?

2 Quando si vedono durante il giorno?

3 Cosa fanno quando vengono gli amici?

4 La televisione dove la mettono? Perchè?

5 Che cosa fa la signora Carniani per rilassarsi dopo il lavoro?

6 Dove si sono incontrati i Carniani?

7 Il signor Carniani ha una buona memoria? Perchè?

8 Quando è nata la loro bambina?

9 La signora Carniani molto spesso fa le prove al teatro. Perchè?

10 Che cosa ne pensa il marito?

III   Your old boss has come down in the world.

a proposito *by the way*   **di lusso** *de luxe*   **un aumento** *a rise*

Stamattina mi sono alzato alle   Prima Lei non si alzava mai prima
sette.   delle undici.

1 Sono uscito prima delle otto.

Ma come?! Lei............ mai prima di mezzogiorno.

2 Ho preso l'autobus.

L'autobus? Ma prima Lei .... mai i mezzi pubblici .... sempre un taxi o .... in macchina.

Sì, ma la macchina non ce l'ho più.

Non ce l'ha più?

No, costava troppo mantenerla!

A proposito, dove ha mangiato oggi?

3 Sono andato in un bar e ho preso una birra e un panino.

Ah! Com'è diversa adesso la Sua vita! Lei che .... sempre nei ristoranti di lusso e .... sempre i vini migliori!

4 Ora non ho molto tempo per mangiare perchè devo rientrare in ufficio alle due.

Ma prima Lei ....tanto tempo a Sua disposizione. Non .... mai rientrare prima delle quattro.

5 Sì, ma adesso il mio orario è molto rigido.

Prima Lei .... sempre libero. Poteva fare quello che ....

6 Senta, è meglio che non ne parliamo più. A proposito, mi può dare mille lire?

Ma prima quando Le chiedevo un aumento, Lei mi diceva sempre che......... meglio fare economia!

IV Ci può descrivere una Sua giornata tipica?

1 A che ora si alza Lei generalmente?
2 Verso che ora esce di casa la mattina?
3 Lei lavora? Dove? Se non lavora, che cosa fa?
4 A che ora comincia a lavorare? A che ora finisce?
5 Quando vede Sua moglie? (Suo marito? i Suoi figli? i Suoi genitori?).
6 A che ora si è alzato (alzata) Lei stamattina?
7 A che ora è uscito (uscita) di casa?
8 Ha preso il treno, l'autobus, o è andato (andata) a piedi? Forse ha dovuto prendere un taxi? Perchè?
9 Verso che ora è rientrato (rientrata) a casa ieri sera?
10 A che ora è andato (andata) a dormire?
11 Ha guardato la televisione ieri sera? Ha ascoltato la radio? Che cos'ha fatto?
12 Che cos'ha visto di bello alla televisione? Che cos'ha ascoltato alla radio?
13 Qual è il Suo programma preferito?

A Carnevale ogni scherzo vale !

11 PASTA E VINO

In a Roman trattoria

Cameriere   La cosa che mi piace mangiare di più, magari io mangio tutto, non c'è una cosa che non mi piace, però una cosa che mi piace molto sono i classici bucatini all'amatriciana.

Maria Laura   Questo è un piatto tipico romano, vero?

Cameriere   È un piatto tipico romano. Viene da Amatrice, però ormai Roma l'ha adottato fin da . . . da tempi molto lontani insomma, da molti anni.

Maria Laura   Lei sa cucinare? È bravo?

Cameriere   Sì, sì, abbastanza.

Maria Laura   Come prepara i bucatini all'amatriciana?

Cameriere   Questo è un segreto.

Maria Laura   Beh, il segreto Suo . . .

Cameriere   Allora facciamo l'amatriciana proprio classica . . .

Maria Laura   L'amatriciana classica.

Cameriere   Si chiama la pasta delle cinque ''P'': pancetta, pomodoro, pecorino, naturalmente pasta, e peperoncino. Si fa . . ., si fa soffriggere olio, peperoncino e guanciale. Quando è ben dorato si mette giù il pomodoro, tutto qui.

Maria Laura   E poi?

Cameriere   E poi si condisce con formaggio pecorino.

Qual è il vero segreto dell'amatriciana? (Il cameriere intervistato è a sinistra)

Silvia talks about her hobby

Maria Laura   Dimmi un po', Silvia, ti piace cucinare?
Silvia   Sì, ci ho pure le pentoline.
Maria Laura   Aiuti sempre la mamma?
Silvia   A cucinare no, ma per finta con le pentoline, sì.
Maria Laura   Ti piace (*Si*) fare la cucina delle bambole?
Silvia   Sì, ci ho una cucinetta che sembra proprio vera.
Maria Laura   Cucini anche la pizza?
Silvia   No, per la pizza ci metto un quadrato di carta con disegnate la mozzarella,
le olive, le acciughe.

Maria Laura   Lei pensa che gli italiani e le italiane si preoccupano molto della linea
adesso?
Cameriere   Sì, in questi ultimi anni sì. Infatti noi lo vediamo qui perchè qui in
trattoria siamo come un termometro. Vediamo proprio chi non vuol mangiare
proprio per stare attenta alla linea, si vede. C'è chi non mangia per altre
ragioni, perchè sta male di stomaco, perchè è arrabbiato, per tante ragioni.
Però si vede proprio chiaramente chi non vuol mangiare per questa . . .,
questa linea. Mia madre si arrabbia molto, d'altronde che possiamo fare?
(*Ma a Lei* . . .) Anche io vorrei dimagrire un po', però . . .
Maria Laura   A Lei le donne piacciono magre o grasse?
Cameriere   Beh, grasse no, nemmeno chiodi però . . .
Maria Laura   Una via di mezzo.
Cameriere   Beh, magre sì, insomma, grasse no.

Damigiane di Chianti

In a villa outside Florence

Gianni   Assaggiare il vino è un' arte difficile, è una breve cerimonia quasi sacra. Ora io provo a fare una radiocronaca. Vuole assaggiare, avvocato, per cortesia, quel vino? Voglio spiegare prima di tutto che il bicchiere ha una forma strana. È un bicchiere da assaggio?

Avvocato   Sì, è un bicchiere da assaggio particolare, tipico del Chianti. È un bicchiere a calice stretto in cima per poter raccogliere il profumo del vino.

Gianni   Veniamo all'assaggio vero e proprio. Lei che fa? Lo faccia e io lo descrivo . . . invidiandoLa. Ovviamente porta il bicchiere alla bocca . . . getta la testa indietro . . . rumori strani . . . cioè, che cosa ha fatto? Ora me lo spieghi.

Avvocato   L'assaggio del vino consiste nel tenere un po' di tempo il vino in bocca e nel . . , nel farlo scendere nella gola per poter apprezzare tutto il suo profumo e le sue caratteristiche. Bisogna fare anche dei rumori un po' strani.

Gianni   È necessario, (*È necessario*) fa parte . . , fa parte dell'arte. Un buon assaggiatore, cosa riesce a capire di un vino? Anche l'età? La provenienza?

Avvocato   Sì, sì, la provenienza, l'età, la gradazione, il tipo di vino e tutte le doti particolari del . . . , del vino.

Gianni   Che studi bisogna fare per diventare un buon assaggiatore? Bere, molto, spesso?

Avvocato   Sì, (*Soprattutto questo?*) soprattutto questo, sì, e bere bene.

Gianni   E bere bene!

PAROLE ED ESPRESSIONI

bucatini	a kind of **spaghetti** with a hole through the middle (**buco** *hole*).
però ormai Roma l'ha adottato fin da tempi molto lontani	but it's been Roman by adoption now ever since very ancient times
il segreto Suo	*your* secret (**Suo** comes last for emphasis).
allora facciamo . . .	well then, let's take . . . (as an example).
la pancetta (*or* guanciale)	a type of bacon
si fa soffriggere . . .	you lightly fry . . .
quando è ben dorato	when it's nicely browned
si mette giù il pomodoro	you add the tomato
tutto qui	and that's all there is to it
il formaggio pecorino	this is a sheep's cheese (used for flavouring **pasta** dishes). There are two kinds: Roman and Sardinian.

dimmi un po'	tell me. **Dimmi** is the familiar way of saying **mi dica**. **Un po'** softens the request slightly.
ci ho pure le pentoline	I've even got the pots and pans. **Ci ho** (pronounced **ciò**) is commonly used instead of **ho** in spoken Italian. **Ci ho la macchina**; **Ci ho due fratelli**, etc.
per finta	pretending
un quadrato di carta con disegnate la mozzarella, le olive . . .	a square of paper with pictures of mozzarella, olives . . . on it.
per stare attenta alla linea	to watch one's figure
c'è chi non mangia per altre ragioni	there are those who don't eat for other reasons. **Chi** sometimes means *those who, people who.*
sta male di stomaco	he has a stomach upset
per questa linea	because of their figures
d'altronde	besides, anyway
a Lei le donne piacciono magre o grasse?	do you like fat or thin women?
nemmeno chiodi però	but not skinny either (**un chiodo** is *a nail*).
una via di mezzo	something in between, a happy medium
io provo a fare una radiocronaca	I'll try and give a running commentary
per cortesia	please (very polite)
è un bicchiere da assaggio?	is it a glass for wine tasting?
un bicchiere a calice stretto in cima	a tulip shaped glass
veniamo all'assaggio vero e proprio	let's come to the real wine tasting
lo faccia e io lo descrivo	you do it and I'll describe it
invidiandoLa	envying you
ora me lo spieghi	now explain it to me
consiste nel tenere un po' di tempo il vino in bocca e nel farlo scendere nella gola.	consists in keeping the wine in your mouth for a while and then swallowing it slowly (lit. letting it descend into your throat).
fa parte dell'arte	it's part of the art

VITA E AMBIENTE

La cucina romana
La cucina romana ha origini popolari: i piatti tipici sono fatti con le parti dell'animale che i ricchi riservavano ai domestici, o che, al tempo di Roma antica, non si usavano per i sacrifici rituali.
Tra i piatti tipici romani di oggi ci sono infatti la coda alla vaccinara (*oxtail*), i rigatoni alla pagliata (**pagliata** is a section of the calf's intestines) e la trippa alla romana.

Amatrice
Amatrice è un paese a circa 150 chilometri da Roma. È interessante per i suoi ruderi romani e per alcune case antiche – e anche per questo piatto tipico!

La pasta
La pasta (spaghetti, bucatini, maccheroni, lasagne, cannelloni, tagliatelle ecc.) si mangia specialmente al centro e al sud d'Italia. Al nord (Milano, Torino, Venezia ecc.) si mangia meno pasta e più riso (*rice*) e polenta (made of maize flour). La pasta può essere asciutta (*dry*) o in brodo (*in soup*). Quando è asciutta si chiama pastasciutta e si può condire con pomodoro (alla napoletana), con carne (alla bolognese), con uova (*eggs*) e pancetta (alla carbonara). Quest'ultimo è un piatto tipico romano, come gli spaghetti all'amatriciana.

Avvocato (I titoli)
In Italia si usano molto i titoli professionali. Quando si parla con un avvocato o un professore si dice, per esempio: 'Buon giorno, avvocato', 'Come sta, professore?'. In questi casi non è necessario usare il cognome (*surname*). Il cognome si usa invece per presentare qualcuno ('Posso presentarLe l'avvocato Starnuzzi?') o quando si parla di qualcuno ('Dov'è l'architetto Parisi?' 'Come sta il professor Rossi?'). Parlando con un medico, si dice 'dottore', però non tutti i dottori sono medici, perchè ogni laureato è chiamato dottore. Esiste anche la forma femminile 'dottoressa' ma in Italia le donne sono generalmente chiamate 'signora', 'signorina', anche se hanno la laurea!
Spesso, se una persona ha più di un titolo, si usano tutti i suoi titoli, ma soltanto nelle lettere: Gr. Uff. Dott. Ing. Comm. Cav. non è una parolaccia, ma significa: Grand'Ufficiale, Dottore, Ingegnere, Commendatore, Cavaliere.

LA LINGUA

1 Lei sa cucinare.

Sapere is *can* in the sense of *knowing how to*:
Sa fare gli spaghetti all'amatriciana?

Notice the difference between **sapere** and **potere**:

Sa parlare inglese?	Do you know how to speak English?
Può parlare piano, per favore?	Do you mind speaking slowly please?

Sapere also means *to find out, to get to know, to hear* (news):

Non siamo mai riusciti a sapere come si fanno gli spaghetti all'amatriciana.

Lo sapevi che Adolfo ha aperto un ristorante?	Did you know that Adolfo has opened a restaurant?
L'ho saputo solo stamattina.	I heard it only this morning.

2 È bravo?

Bravo is generally *good* in the sense of *capable*:

Giulia è molto brava in inglese.

Buono refers to good-heartedness in people:

Sua madre è veramente buona;

to tastiness in food:

Questi spaghetti sono veramente buoni;

usefulness of books etc.

È buono quel dizionario?

Bello is good, enjoyable, of films, books:

Hai visto quel film? Com'è? È bello?

and it is good-looking of people:

Lui è un bell'uomo. Anche sua moglie è una bella donna.

3 Si fa soffriggere l'olio . . . si mette giù il pomodoro . . . si condisce . . .

The non-reflexive **si** is often used when giving instructions (as here) or when saying what is (or is not) 'the done thing':

Il vino non si beve fuori dai pasti.	It's not done to drink wine outside mealtimes.
Il caffè non si prende prima di andare a letto.	You shouldn't drink coffee before going to bed.
Gli spaghetti si mangiano al dente.	Spaghetti must be eaten 'al dente'.

Al dente: still slightly resistant to the teeth. Spaghetti which is not **al dente** is considered deplorable in Italy!

4 Si vede chi non vuol mangiare per questa linea.

Per often means *because of, on account of, as a result of*:

Stanotte non abbiamo dormito per il troppo rumore.

La mula è morta per il troppo lavoro.

Per il troppo riposo non è mai morto nessuno!

5 A Lei le donne piacciono magre o grasse?

Compare the use of **piace** and **piacciono**:

Mi piace quella ragazza.	I like that girl.
Mi piacciono quelle ragazze.	I like those girls.

In the first example **piace** is used because **quella ragazza** is singular. In the second example **piacciono** is used to agree with the plural **quelle ragazze**: Those girls are pleasing to me (5.4). Here are some more examples of **piacciono**:

	mi		le donne grasse.
Non	Le	piacciono	gli spaghetti.
	gli		quelli che bevono troppo.

A **Lei piacciono** is an emphatic way of saying **Le piacciono**

6 Lo faccia.

Faccia is a special **Lei** form of the verb **fare**. It is used in a number of very common expressions:

Mi faccia un favore.	Do me a favour.
Faccia presto!	Be quick! Don't take too long!
Mi faccia vedere . . .	Show me . . .
Faccia pure!	Certainly! Go ahead!
Non faccia complimenti!	Don't stand on ceremony!

(This is said when pressing the offer of a drink, another helping of food, etc., on someone: **Un altro po' di vino? Non faccia complimenti!** or **Senza complimenti!**)

7 le pentoline

These are little **pentole** (pots and pans). Silvia uses this diminutive form when she talks about her toys.

The syllable -in- can be added to almost any noun or adjective. It conveys the notion of smallness or prettiness and is very frequently used in children's language:

il piedino	instead of	il piede (foot).
la manina	instead of	la mano (hand).

In Lesson 4 Franca said she was **bravina**. Similarly if we want to say that a girl is quite pretty (but no more), we might say: **È bellina**.

Come parla italiano lui?	
Lo parla benino.	He speaks it fairly well, not too badly.

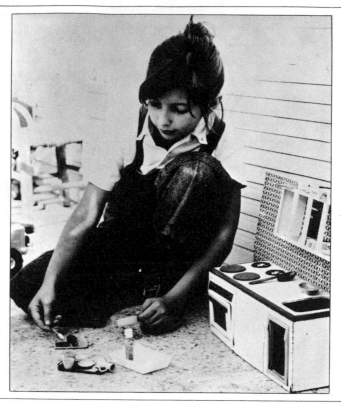

Silvia: Una cuoca in erba

At the sight of small children, especially babies, Italian women are liable to break into enraptured cries of **Che carino!** or **Com'è carino!** (or **carina!**)
Silvia also refers to her **cucinetta** (little cooker). This **-ett** - doesn't have the same overtones of tenderness and endearment as **-in-** does.

una borsa (a bag)	una borsetta (a handbag)

-acci- has a pejorative meaning:

una parolaccia	una brutta parola
che tempaccio!	che brutto tempo!

Note how these different suffixes affect the meaning of the word **povero**:

poverino!	poor little thing! poor darling!
poveretto!	poor chap!
poveraccio!	poor devil! (somewhat condescending).

There are a lot of suffixes of this kind in Italian: -**one**, for example, which implies bigness (**il portone** is the main door of a building and **un capellone** is a man with very long hair, a 'hippy'). However, their use varies from one part of Italy to another and depends very much on the age, sex, social group etc. of the speaker.

ORA TOCCA A LEI!

I   Complete what this young lady is saying by putting in the following phrases:

fa male	una cosa
un piatto semplice	sto sempre attenta
mi piace	da sei anni ormai.
non so	affatica lo stomaco
non piacciono	mi piacciono
non li mangio	uova e pancetta

Abito in Italia .... e sono completamente abituata alla cucina italiana. È vero che .... cucinare molto bene, ma .... mangiare tutto – o quasi tutto! .... che mi piace molto sono gli spaghetti alla carbonara (che si fanno con ....). È ...., ma è molto buono! .... anche le lasagne e i cannelloni, ma .... tutti i giorni perchè la pasta .... e io .... alla linea. Mangiare troppo .... alla salute – e poi, agli uomini .... le donne grasse!

II   Choose the response (A–J) which is most appropriate

1 Stamattina siamo andati alle Cascine, ma non c'era nessuno in giro.
2 Giulio sa cucinare, vero?
3 Lei sa quando è morto Dante?
4 Posso usare il Suo telefono?
5 Mi faccia vedere la Sua patente, per favore.
6 Perchè non gli dici quello che pensi di lui?
7 Perchè non hai mangiato gli spaghetti?
8 Cosa pensa di questo vino?
9 Perchè non provi queste olive? Sono ottime, sai!
10 Lei sa che il signor Gandolfi è già partito per l'America?

A Faccia pure!
B Mi dispiace, ma non ce l'ho in questo momento.
C È buonissimo!
D L'ho saputo solo stamattina, da sua figlia.
E Per il freddo, direi.
F Non mi piacciono.
G Certe cose non si dicono!
H Non erano al dente.
I È bravissimo!
J Lo sapevo benissimo quando ero a scuola, ma adesso l'ho dimenticato.

III

1 I bucatini all'amatriciana vengono da Amatrice. Perchè è un tipico piatto romano, allora?

2 Perchè si chiama 'pasta delle cinque P'?

3 È difficile prepararlo? Perchè?

4 In trattoria si vedono anche delle persone che mangiano pochissimo. Quali sono i motivi per cui non vogliono mangiare?

5 Se al cameriere dicono di scegliere tra una donna magra e una donna grassa, che cosa sceglie?

6 Il bicchiere da assaggio è stretto in cima. Perchè?

7 Quando assaggia il vino, l'avvocato lo tiene un po' di tempo in bocca e poi lo fa scendere nella gola, facendo anche dei rumori un po' strani. Perchè?

8 Che cosa riesce a capire di un vino un buon assaggiatore?

9 A Lei piacerebbe fare l'assaggiatore? Perchè?

10 Lei si preoccupa della linea? Perchè?

IV Ora parliamo un po' delle cure dimagranti (*slimming diets*):

1 Che cosa pensa Lei delle cure dimagranti?
Sono utili (inutili) Fanno bene alla salute, ma non bisogna esagerare. Oggi si mangia troppo. Fa bene stare a dieta qualche volta. È solo una moda.

Le donne	vogliono a tutti i costi hanno paura di non	piacere agli uomini

2 Lei ha mai provato a fare una cura dimagrante? Per quanto tempo ha resistito?

3 Quali erano le cose che poteva mangiare?
E le cose che non poteva mangiare?

4 Aveva sempre fame?

5 Ora Lei si preoccupa della linea o mangia quello che vuole?

6 Magari fa un po' di ginnastica? Quando la fa? (La mattina quando si alza? la sera prima di andare a letto? durante il giorno?)

12 CON L'ACQUOLINA IN BOCCA!

Signora Gasponi comes from Naples but now lives in Rome

Maria Laura   Signora, secondo Lei, gli italiani hanno cambiato abitudini alimentari? Gli italiani mangiano meno pasta adesso, rispetto ad alcuni anni fa?

Signora Gasponi   Sì, le abitudini sono cambiate radicalmente. Le persone anziane forse no, continuano un poco nel ritmo che hanno sempre avuto durante la vita, ma i giovani, moltissimo. Perchè non mangiano più come i ragazzi, come noi, come i nostri cugini, i nostri fratelli, che eravamo abituati a mangiare pasta, soprattutto pastasciutta, quasi tutti i giorni. Oggi i ragazzi hanno bisogno della carne, mangiano le bistecche. Soprattutto non si affaticano lo stomaco, non si riempiono come forse facevamo noi, come forse facevano i ragazzi venti, trent' anni fa.

Maria Laura   A Lei piace cucinare?

Signora Gasponi   Molto.

Maria Laura   C'è qualche cosa che Le piace cucinare in particolare?

Signora Gasponi   Sì, è una pietanza napoletana soprattutto, forse di origine siciliana, ma napoletana: la parmigiana di melenzane.

Maria Laura   Ci può descrivere come si prepara questo piatto tipico?

Signora Gasponi   Sì. Dunque, si prendono le melenzane e si tagliano a fettine per lungo, dopo averle bene sciacquate naturalmente. E poi si mettono un po' sotto sale e nell'acqua per far venir fuori il nero e l'amaro. Intanto si prepara un sugo di pomodoro molto **semplice**, che dev'essere fatto con pomodoro crudo e olio, esclusivamente, senza farlo molto bollire. Poi si prendono queste melenzane, si stringono facendo scorrere l'acqua di cui sono impregnate, e si asciugano un poco e si friggono in abbondante olio. Poi, quando sono finite completamente di friggere, si prepara una teglia nella quale si mette questo sugo. Poi si mette uno strato di melenzane fritte, uno strato di mozzarella, cosparso di molto parmigiano e basilico e si continua a fare questi strati, uno strato di melenzane fritte, uno strato di mozzarella, uno strato di pomodoro e uno strato di formaggio grattuggiato, finchè la teglia è piena. (*E poi si mette . . .*) E poi nel forno.

Maria Laura   Signora, Lei dove va di solito a fare la spesa? Lei preferisce fare la spesa nei mercatini rionali oppure nei supermercati?

Signora Gasponi   Io mi regolo così: per la verdura vado nei mercatini rionali, dove vi sono le verdure fresche venute appena dalla campagna; invece per tutto il resto che non è verdura, nei supermercati.

Maria Laura   Signora, a Lei piace cucinare, ma è andata un po' in giro per l'Italia. Comunque la Sua origine è meridionale. Lei è rimasta fedele alla cucina napoletana oppure si è fatta influenzare dalle cucine locali ?

Signora Gasponi   No, assolutamente, io sono rimasta molto fedele alla cucina napoletana. Ho imparato qualche cosa nei vari posti dove sono stata, ma principalmente sono restata fedele alla cucina napoletana.

Maria Laura   Secondo Lei, le donne italiane restano fedeli alla cucina che hanno imparato quand'erano giovani ?

Signora Gasponi   Io penso di sì.

Maria Laura   Lei pensa che l'Italia, in futuro, tra qualche anno, sarà influenzata dalla nuova moda, anche straniera, di cucinare — cucinare cose molto veloci, in modo molto semplice, oppure resterà fedele (*No*) al suo sistema di cucina ?

Signora Gasponi   No, io penso assolutamente, che le donne cucineranno sempre più in fretta, quindi staranno sempre molto meno in cucina.

Maria Laura   E cucineranno quindi tutte uguali, sia in Inghilterra, sia in Italia che in Francia.

Signora Gasponi   Eh ! Io penso di sì. Io penso di sì . . ., (*Quindi la cucina . . .*) Sarà rara . . . raramente forse qualche famiglia che resterà fedele alla cucina tradizionale.

PAROLE ED ESPRESSIONI

con l'acquolina in bocca !	**mi fa venire l'acquolina in bocca** *it makes my mouth water.*
rispetto ad alcuni anni fa	in comparison with some years ago
che eravamo abituati a . . .	who were used to . . .
tutti i giorni	everyday — also **tutte le sere, tutti i pomeriggi, tutte le notti, tutte le domeniche** etc.
non si affaticano lo stomaco	they don't overburden their stomachs
la parmigiana di melenzane	aubergines (egg-plant) with parmesan cheese. (**melenzane** and **melanzane** are both used though the latter is more common). Outside Naples this dish is called **melanzane alla parmigiana**
si tagliano a fettine per lungo	you cut them in slices lengthwise
dopo averle bene sciacquate	after having rinsed them thoroughly
si mettono un po' sotto sale e nell'acqua per far venir fuori il nero e l'amaro.	you cover with salt and then wash them to get rid of the black and bitterness
senza farlo molto bollire	without letting it boil too much
facendo scorrere l'acqua . . .	letting the water drain off . . .

quando sono finite completamente di friggere	when they've quite finished frying (or **quando hanno finito di friggere**).
nella quale = in cui	in which
cosparso di . . .	sprinkled all over with . . .
a fare la spesa	to do your shopping
nei mercatini rionali	in the local street markets
io mi regolo così . . .	my system is . . .
dove vi sono = dove ci sono	**vi** is sometimes used for **ci**
le verdure venute appena dalla campagna	fresh vegetables just arrived from the country (**la verdura**, normally singular, is *vegetables* in general).
Lei è rimasta fedele . . . ?	have you remained faithful . . . ?
si è fatta influenzare dalle cucine locali?	have you let yourself be influenced by other kinds of local cooking?
tra qualche anno	in a few years' time
sarà influenzata . . .	will be influenced . . .
in modo molto semplice	in a very simple way
le donne cucineranno sempre più in fretta	women will cook more and more quickly
staranno sempre meno in cucina	they'll spend less and less time in the kitchen
cucineranno tutte uguali, sia . . . sia . . . che . . .	they'll all cook the same whether . . . or . . . or . . .
sarà . . . . forse qualche famiglia . . .	there may still be the odd family perhaps . . .

VITA E AMBIENTE

Mercatini rionali

Un aspetto tipico della vita italiana sono i mercati all'aperto che si tengono generalmente nella piazza principale del rione (quartiere) dalle 7 fino alle 2 del pomeriggio.

In questi mercati si trovano specialmente frutta e verdura fresca che i contadini portano dalla campagna ma si vendono anche carne, uova e pesce (*fish*).

Il mercato più caratteristico di Roma è quello di Campo de' Fiori dove è ancora possibile trovare dei veri romani che parlano il cosiddetto 'romanesco' (dialetto romano) e dove si può apprezzare la vivacità e l'allegria del carattere della gente di Roma.

Oggi la signora Gasponi cucinerà le melanzane alla parmigiana !

LA LINGUA

1 Le abitudini sono cambiate radicalmente.

When **cambiare** means *to become different* it makes its perfect with **essere**:

La vita è cambiata.	Life has changed.
I tempi sono cambiati.	Times have changed.

Sei molto cambiato in questi ultimi anni.

Siamo tutti un po' cambiati. È la vita !

Cambiare *to change* (*something*) forms its perfect with **avere**:

Abbiamo cambiato i soldi alla banca.

It is used in a number of common expressions without the article:

Ho cambiato idea.	I've changed my mind.

Ho cambiato abitudini. Ho cambiato lavoro. Ho cambiato macchina.

Ho cambiato casa. Ma non ho ancora cambiato moglie !

2 A Lei piace cucinare?

A Lei and **a me** are more emphatic than **Le** and **mi**

These emphatic forms come before **non**:

A me non piace la mozzarella.   *I* don't like mozzarella.

A Lei non piacciono i pomodori,   *You* don't like tomatoes, do you?
vero?

Here are some more examples using the emphatic forms in contrast with the normal pronouns:

A te non piace il formaggio? Perchè non ti piace?

A lui non piace l'olio. Dice che gli fa male allo stomaco.

A lei piace fare la spesa nei mercatini rionali. Non le piace andare nei supermercati.

A noi piacerebbe andare in montagna quest'inverno. Ci piace molto sciare (*to ski*).

A voi non piacciono le melanzane alla parmigiana? Perchè no? Non vi piacciono le melanzane?

A loro non piacciono i bucatini all'amatriciana perchè non gli piace la pasta.

3 per far venir fuori il nero e l'amaro

Fare with the infinitive of another verb means *make, get* or *persuade*:

Ieri sera volevamo andare in trattoria. Volevo far venire anche Gino.   Last night we wanted to go to the trattoria. I wanted to get Gino to come.

Sei riuscito a farlo venire?   Did you manage to get him to come?

Mi ha fatto aspettare.   He kept me waiting (made me wait).

Mi fa perdere un sacco di tempo.   He makes me waste a lot of time.

Questo mi fa venire in mente qualcosa che ha detto Anna.   This reminds me of something Anna said (It makes it come to my mind).

Note that **fare** means *let* in expressions like:

Ti faccio avere i soldi domani.   I'll let you have the money tomorrow.

Mi ha portato in giro per Roma e mi ha fatto vedere un sacco di cose.   He took me around Rome and showed me (let me see) lots of things.

4 Lei è rimasta fedele alla cucina napoletana?

Rimanere (to remain) forms its perfect with **essere**:

Giorgio è rimasto a letto ieri. Non stava bene.

Ieri siamo rimasti in ufficio fino a tardi.

Signora Gasponi also says: **sono restata**...

Restare means the same as **rimanere** but is rather less common.

5 Si è fatta influenzare dalle cucine locali?

Farsi followed by an infinitive can mean

    (i)   to let something happen to oneself:

Mi sono fatto influenzare dagli amici.	I allowed myself to be influenced by my friends.
Oggi molti ragazzi si fanno crescere i capelli.	Nowadays a lot of boys let their hair grow long.

    (ii) to get something done for oneself:

Mi faccio fare un vestito.	I'm having a dress made.
Ci siamo fatti chiamare alle sei.	We got them to call us at six.
Ugo si faceva aiutare dagli amici.	Ugo used to get his friends to help him.

6 Lei pensa che l'Italia, in futuro, tra qualche anno, sarà influenzata dalla nuova moda.

Sarà is an example of the future tense. Here are three parts of the future of **essere**:

io sarò	I'll be
Lei, lui, lei sarà	you, he, she will be
loro saranno	they will be

The endings are always stressed and are the same for all verbs. **Dare**, **fare** and **stare**, like most -**ere** and -**ire** verbs form their future by replacing the final -**e** of the infinitive by -**ò** etc.:

dare:	darò, darà, daranno.
fare:	farò, farà, faranno.
stare:	starò, starà, staranno.
prendere:	prenderò, prenderà, prenderanno.
divertirsi:	mi divertirò, si divertirà, si divertiranno.

The future of **andare**, **avere**, **vedere**:

  andrò *I'll go* **avrò** *I'll have* **vedrò** *I'll see*

All -**are** verbs, with the exception of **andare**, **dare**, **fare** and **stare**, change the infinitive ending to -**erò**, etc.

    tornerò, tornerà, torneranno.

    passerò, passerà, passeranno.

Note the slight change of spelling in:

  cercherò (I'll try, look for) (h inserted)

  mangerò (I'll eat) (i dropped)

Domenica prossima la passerò a Napoli. Andrò a trovare un amico che ha un motoscafo. Mi porterà a Capri e mi farà vedere la Grotta Azzurra.	I'll be spending this Sunday in Naples. I'll be going to see a friend who has a motorboat. He'll take me to Capri and show me the Grotto Azzurra.

Often used with the future are phrases with **fra** (or **tra**):

fra un'ora	in an hour's time
fra tre mesi	in three months' time
fra poco	in a very little time, very shortly

Fra tre giorni i ragazzi andranno al mare e ci staranno fino a metà settembre. Torneranno sicuramente abbronzati e saranno l'invidia di tutti i loro compagni.

In three days' time the boys will be going to the seaside and they'll stay there till the middle of September. They will certainly come back with a tan and will be the envy of all their friends.

7 le donne cucineranno sempre più in fretta, quindi staranno sempre molto meno in cucina.

sempre più *more and more* 　**sempre meno** *less and less*

Questo libro diventa sempre più interessante. Più si legge, più si ha voglia di andare avanti.

This book gets more and more interesting. The more you read it, the more you want to carry on.

sempre meglio *better and better* 　**sempre peggio** *worse and worse*

8 È andata un po' in giro per l'Italia.

The definite article is often used with names of countries:

Mi piace l'Italia. Conosce l'Inghilterra?

Abbiamo visitato l'Austria e la Germania.

Il Giappone è uno dei paesi più ricchi del mondo.

Edimburgo è la capitale della Scozia.

It is not used after **in**:

Fra tre settimane andrò in Grecia.

Quanto tempo ci vuole per andare in America con l'aereo?

But you always say **negli Stati Uniti**.

ORA TOCCA A LEI!

I Giulia pensa alle sue vacanze:

Fra tre settimane andrò in vacanza con mia sorella. Starò al mare per un mese. Farò un sacco di bagni e prenderò il sole. La sera andrò a ballare e rivedrò tutti gli amici che ho conosciuto l'anno scorso. Insomma, mi divertirò moltissimo. Mi farò portare in giro da un amico che abita laggiù, e avrò la possibilità di vedere alcuni posti poco conosciuti. Mangerò pesce fresco, perchè mi piace molto, però cercherò di non mangiare troppo perchè voglio dimagrire! Resterò al mare fino a metà settembre. Tornerò abbronzatissima e sarò l'invidia di tutte le mie colleghe!

Now retell this in two ways, beginning

(i)   Fra tre settimane Giulia ....
(ii) Fra tre settimane Giulia e sua sorella ....

making the necessary changes throughout.

II   Complete with **piace, piacciono, a lui, a lei, a noi, gli, le, mi** etc.:
La famiglia Magri non può mai mangiare insieme. Hanno tutti dei problemi.

Prima c'è il signor Magri. **A lui** non **piace** la carne. Mangia solo pesce e verdura. *E la signora?* ...., invece, non .... gli spaghetti. *Però, i loro figli mangiano tutto, no?* No! Carla, per esempio, è una ragazza molto strana. .... non .... proprio niente! Forse perchè vuole dimagrire. *E suo fratello, Luigi?* .... piace mangiare solo pane e formaggio. *Che strana famiglia!* Sì. Sono completamente diversi da noi. *Perchè? A voi piace mangiare tutto?* *O c'è qualcosa che non* .... *piace?* Beh, ... non .... le cose fatte con molto olio. *Perchè no?* Perchè l'olio fa male allo stomaco. *E i vostri figli hanno le stesse idee?* No! .... piace mangiare tutto. Non c'è niente che non .... piace! *E Lei, signor Grassi: qual è la cosa che* .... *piace mangiare di più?* A dire la verità, ... piace tutto, però mi .... in modo particolare gli spaghetti all'amatriciana.

III

1   Secondo la signora Gasponi il modo di mangiare degli italiani è cambiato molto rispetto ad alcuni anni fa?
2   Che cosa mangiavano i ragazzi venti o trent'anni fa?
3   Quali sono gli ingredienti delle melanzane alla parmigiana?
4   Dove va di solito a fare la spesa la signora Gasponi?
5   Si è fatta influenzare molto dalle varie cucine locali?
6   Secondo lei, le donne italiane in futuro resteranno fedeli alla cucina tradizionale?
7   A Lei piace la cucina italiana o preferisce la cucina inglese?
8   Qual è il piatto che Le piace di più?

IL MONDO DELLA MODA

Signor Tancredi is the president of the Centro Moda in Florence

Gianni   Signor Tancredi, Lei è molto addentro nel mondo della moda. Risponda a questo: la moda viene imposta spesso alla gente. Da un anno all'altro, voi costringete le persone a cambiare modo di vestirsi. Per vendère di più, è così?

Signor Tancredi   Sì, è un po' così. Ma direi che anche questo mito della moda che viene imposta dai grandi creatori sia da sfatare.

Gianni   Molti mariti nel mondo attendono queste parole con ansia.

Signor Tancredi   Mah, io non so se potrò rasserenare questi mariti. (*Ecco*) Però posso dire che non sempre la moda è stata imposta dall'alto. Per un periodo di tempo noi abbiamo avuto anche una moda imposta dal basso, cioè direi dalla strada.

Gianni   Per esempio?

Signor Tancredi   Per esempio, prenda l'esperimento della maxigonna. Ad un certo punto i tessitori e i sarti e tutto il mondo interessato alla vendita . . .

Gianni   . . . dei tessuti (*dei tessuti*) preoccupati . . .

Signor Tancredi   . . . preoccupati perchè la minigonna imperava da molto tempo, hanno deciso di lanciare la maxigonna.

Gianni   E allora le donne si sono ribellate.

Signor Tancredi   Direi, anche per . . ., per praticità, per mancanza di praticità della . . ., della moda imposta con la maxigonna, perchè era una moda che richiedeva certi accessori, richiedeva certe scarpe; e poi non era pratica perchè le donne devono montare in autobus, devono montare in automobile, devono camminare per le strade che sono sempre più sporche perchè con le macchine in sosta non si possono pulire come si pulivano una volta, per tutta un'altra serie di . . ., di ragioni la maxigonna non è stata accettata dalle donne. Direi forse poi che a quelle ragioni che ho già detto ce n'è da aggiungerne un'altra: ormai le donne ritengono che sia una grossa conquista far vedere le gambe e con la maxigonna questo non era più . . ., più possibile. Io sono per la minigonna.

Gianni   Lei è per la minigonna?

Signor Tancredi   Io sono per la minigonna.

Gianni   Per ragioni economiche?

Signor Tancredi   Per ragioni economiche, e estetiche.

Gianni   Ed estetiche. Va bene. E la donna in pantaloni?

Signor Tancredi   Ecco, vede, da tre anni i sarti di tutto il mondo cercano di eliminare i pantaloni.

Gianni   Davvero?

Signor Tancredi   E purtroppo non ce la fanno. Non ce la fanno perchè l'uso dei pantaloni è un'altra conquista della donna, è una conquista pratica a cui la donna non vuol rinunciare.

Marchesa Ginori is a fashion designer in Florence

Gianni   La moda è arte o quasi arte?

Marchesa Ginori   Io penso che la moda sia arte, arte purissima perchè si possono creare dei vestiti o degli insiemi che sono quasi dei capolavori nel loro taglio, nel loro stile, nel ..., nel loro sistema diciamo, di costruzione, quindi rasentano molto l'arte.

Gianni   Si può dire però anche che la moda è vanità, è soprattutto vanità?

Marchesa Ginori   Certo che è vanità. La donna vuole essere vanitosa. Qui non si tratta di essere solo donna italiana, ma tutte le donne vogliono essere carine per uomini a cui devono piacere, o a cui cercano di piacere, ecco.

Gianni   Va bene, il rapporto a questo punto implica la presenza del maschio. Anche l'uomo è vanitoso, secondo Lei?

Marchesa Ginori   Moltissimo, direi, sì, quasi quanto la donna e alle volte anche di più.

Gianni   E come veste l'uomo italiano?

Marchesa Ginori   L'uomo italiano può vestire in mille maniere, anche lui è influenzato dalla moda, questo si intende.

Gianni   Beh, Lei può già dire 'bene' o 'male'.

Marchesa Ginori   L'uomo italiano direi che veste piuttosto bene.

Gianni   Rispetto ad esempio al francese o all'inglese?

Marchesa Ginori   Meglio del francese, ma per me l'uomo inglese veste benissimo.

Gianni   Allora è l'uomo inglese il più vanitoso?

Marchesa Ginori   Beh, non so se è vanitoso ma ci tiene molto anche lui ed è di uno chic, quando lo è, formidabile.

Gianni   Senta, cosa pensa della moda del borsello? Di quella borsettina che molti uomini italiani portano?

Marchesa Ginori   Il borsetto.

Gianni   Il borsetto, il borsello.

Marchesa Ginori   Una cosa molto pratica, e penso che, portata bene, non è affatto
  ridicola.

Gianni   Lei dice' una cosa molto pratica' ma gli uomini hanno sempre rimproverato
  alla donna l'impraticità della borsetta, questo sacco in cui alla rinfusa ci sono
  mille cose, il rossetto, il blocchetto (*Per le donne?*), sì, sì, sì, sì, mentre l'uomo
  diceva 'io posso distribuire in tante tasche, ordinatamente, le mie cose'.

Marchesa Ginori   Sì, però siccome adesso abbiamo da, da prendere magari, non
  so, tanti ingredienti e l'uomo che lavora ha bisogno di matite, carte, block-
  notes, e queste cose così, credo che il borsetto a lui gli fa molto comodo.

Gianni   Non è secondo Lei sminuito nella sua virilità, un uomo che passeggia
  dondolando dolcemente un . . . un borsetto?

Marchesa Ginori   Beh, secondo come passeggia!

Gianni   Lei ha ragione ma . . .

Marchesa Ginori   Però, però trovo che ci sono degli uomini che lo possono portare
  benissimo e degli altri che sono ridicoli. Questo è giusto, quello che Lei mi
  dice.

PAROLE ED ESPRESSIONI

la moda viene imposta spesso alla gente	fashions are often imposed on people
da un anno all'altro	from one year to the next
sia da sfatare = è da sfatare	should be exploded
io non so se potrò . . .	I don't know if I'll be able to . . .
non sempre la moda è stata imposta dall'alto	fashions have not always been imposed from above
dal basso . . . dalla strada	from below . . . from the street
interessato alla vendita . . . dei tessuti	with an interest in the sale of cloth
imperava da molto tempo	had been holding sway for a long time
montare in autobus	get on a bus (**salire** is more common)
con le macchine in sosta	with the cars parked
non si possono pulire come si pulivano una volta	they can't be cleaned as they used to be cleaned before
per tutta un'altra serie di ragioni	for a whole lot of other reasons
ce n'è da aggiungerne un'altra	there is another one to be added. The first **ne**(**n'**) is superfluous
ritengono che sia una grossa conquista far vedere le gambe	consider they have made a big conquest in being able to show their legs
purtroppo non ce la fanno	unfortunately they can't manage it
a cui la donna non vuol rinunciare	which women don't want to give up

si possono creare dei vestiti . . .	dresses . . . can be created (note 5).
certo che è vanità	of course it's vanity
qui non si tratta di . . .	here it's not a question of . . .
per uomini a cui devono piacere, o a cui cercano di piacere	for men for whom they have to be attractive, or for whom they try to be attractive
quasi quanto la donna	almost as much as women are
questo si intende	this goes without saying
per me l'uomo inglese veste benissimo	in my opinion, English men dress very well indeed. **Per me** often means **secondo me**. *To dress* is either **vestire** or **vestirsi**.
ci tiene molto	he attaches a lot of importance to it
è di uno chic, quando lo è formidabile	and when he wants to be he is extremely elegant. (**lo chic**, as **chic** is pronounced as if it were written '**scic**'.)
borsetto, borsello	a man's handbag. **Una borsetta** is a woman's handbag
hanno sempre rimproverato alla donna l'impraticità della borsetta	have always criticized women's handbags for being so unpractical
abbiamo da prendere magari, non so, tanti ingredienti	we have to take with us, for example, I don't know, so many things
a lui gli fa molto comodo	for him is very convenient

Anche la moda va in treno!

VITA E AMBIENTE

La moda italiana

I due centri più importanti dove viene lanciata la nuova moda maschile e femminile sono Roma e Firenze. Firenze è il centro italiano più importante per l'alta moda pronta (*ready to wear fashion*) e per la maglieria, mentre Roma è specializzata nel lancio dell'alta moda (haute couture). Le manifestazioni sono organizzate dal Centro Moda di Firenze e dal Centro Alta Moda di Roma. Le sfilate (*fashion shows*) si fanno in luglio e in gennaio — a Firenze al Palazzo Pitti e a Roma in un grande albergo, nello stesso periodo.

LA LINGUA

1 Risponda a questo.

Risponda (Answer this! Reply to this!) is the polite imperative of **rispondere**. It is a **Lei** form used to tell people to do things. The polite imperative is formed as follows:

(i) Regular - **are** verbs change - **are** to -i:

guardare	Guardi!	Look!
aspettare	Mi aspetti un attimo!	Wait for me a moment!
lasciare	Lasci la macchina qui!	Leave the car here!
accomodarsi	Si accomodi, signorina!	Take a seat!

Note that one i is dropped in **lasci**. After c and g, h is inserted: **cerchi** (try!), **spieghi** (explain!).

(ii) In most other verbs the polite imperative is derived from the **io** form of the present by changing -**o** to -**a**:

sentire	Senta!	Listen!
prendere	Prenda un aperitivo!	Have an aperitif!
finire	Finisca il Suo caffè!	Finish your coffee!
scegliere	Scelga quello che vuole!	Choose what you want!
andare	Ci vada domani!	Go there tomorrow!
fare	Lo faccia così!	Do it like this!

Three exceptions are:

dare	Mi dia un po' di frutta!	Give me some fruit!
stare	Stia tranquilla, signora!	Don't worry (be calm!)
avere	Abbia pazienza!	Have patience!

The polite imperative is often used in answer to a request:

Posso fumare?   Sì, sì, fumi! (Yes, do).

Sometimes it is repeated or **pure** is added to give more conviction:

Posso andare adesso?   Sì, vada pure!
Posso dire qualcosa?   Dica, dica!
Posso venire stasera?   Venga pure!

Faccia pure (11.6) could be used in answer to all these requests.

2 la moda viene imposta spesso alla gente

Gianni might also have said: La moda è imposta spesso alla gente.

Venire is often used with the past participle instead of **essere**, often with no change of meaning:

Il borsetto $_{viene}^{è}$ portato da molti uomini adesso.

L'uomo italiano $_{viene}^{è}$ anche lui influenzato dalla moda.

Questi problemi non $_{vengono}^{sono}$ presi in considerazione da molta gente.

Sometimes there is a difference in meaning:

Il riscaldamento centrale è riparato.	The central heating is repaired (it is working now).
Il riscaldamento centrale viene riparato.	The central heating is being repaired.

3 Io non so se potrò rasserenare questi mariti.

Potrò (I'll be able to) is the future of **potere**.

Note also **dovrò** (I'll have to), **saprò** (I'll know) and these forms with -**rr**: **verrò** (I'll come), **vorrò** (I'll want) and **rimarrò** (I'll stay).

The **tu**, **noi** and **voi** endings of the future are -**rai**, -**remo**, -**rete**:

potere	(tu) potrai	(noi) potremo	(voi) potrete
venire	(tu) verrai	(noi) verremo	(voi) verrete
alzarsi	(tu) ti alzerai	(noi) ci alzeremo	(voi) vi alzerete

Sarai in ufficio domani?	Will you be in the office tomorrow?
No, ma ci sarò lunedì.	No, but I'll be there on Monday.
Allora, verrò lunedì.	Then I'll come on Monday.

The future may be used after **quando**, **se** (if), **appena** (as soon as):

Quando avremo il tempo, verremo a trovarti.	When we have the time, we'll come and see you.
Se mi manderete all'estero a lavorare, vorrò essere pagato bene.	If you send me abroad to work, I'll want to be paid well.
Appena arriveremo a Milano, ti telefoneremo.	As soon as we arrive in Milan, we'll telephone you.

But notice that the *present* is used to talk about definite arrangements:

Vado al cinema domani sera.	I'm going to the cinema tomorrow evening.
Elena arriva mercoledì mattina.	Elena is arriving on Wednesday morning.

and for actions which follow more or less immediately (page 200):

Vado io! *I'll go!*   Faccio io! *I'll do it!*

Ci penso io! *I'll see to it! Leave it to me!*

Adesso telefono a Giorgio e gli dico di venire.
   I'll phone Giorgio and I'll tell him to come.

Chiamo un taxi e mi faccio portare alla stazione.
   I'll call a taxi to take me to the station.

and in the *Shall I . . . ?* type of question:

Apro la porta?   Chiudo la finestra?   Ti aspetto fuori?

4 La minigonna imperava da molto tempo.

Just as **da** is used with the present to indicate how long an action *has* been going on, it is also used with the *imperfect* to show how long something *had* been going on at a certain moment in the past.

Anna e Paolo si conoscevano da quattro anni quando si sono fidanzati.
   Anna and Paolo had known each other for four years when they got engaged.

Lui le voleva bene da molto tempo ma non le aveva mai detto niente.
   He had loved her for a long time but he had never said anything to her.

Erano sposati da un anno quando è nato il loro primo figlio.
   They'd been married for a year when their first child was born.

5 le strade . . . non si possono pulire come si pulivano una volta

Si possono is plural because **strade** is plural. Compare:

Questa camera non si può pulire in cinque minuti

where **si può** agrees with the singular word **camera** (7.6).

Dal mio balcone si può vedere il Colosseo.

Dalla Sua finestra si possono vedere le Cascine.

Non si può mettere tutta quella roba in una sola valigia!

Non si possono mettere tutti i tuoi vestiti in una sola valigia!

6 purtroppo non ce la fanno

Farcela *to be able to manage, to cope, to make it*:

ce la faccio, ce la fai, ce la fa; ce la facciamo, ce la fate, ce la fanno.

Ce la fai a portare quella valigia?   Can you manage to carry that case?

Se prendiamo un taxi, ce la facciamo sicuramente.

Non ce la faccio più!

If we take a taxi, we are sure to make it.

I've had it! I can't go on!

7 Ci tiene molto anche lui.

Tenere a qualcosa is to attach importance to something:

Giulia dà molta importanza ai vestiti.

Ah sì! Ci tiene molto!

Le ragazze ci tengono a portare la minigonna per far vedere le gambe (e il signor Tancredi ci tiene a vederle!)

8 Io penso che la moda sia arte.

The use of **sia** and **siano** after **credere** and **pensare** has already been mentioned (5.6). They are also used after some other words which have much the same meaning as **credere** and **pensare**, like **ritenere** and **direi**:

Direi che anche questo mito della moda che viene imposta dai grandi creatori sia da sfatare.

Ormai le donne ritengono che sia una grossa conquista far vedere le gambe.

Io ritengo che sia un gran vantaggio poter vestire come si vuole.

Io non direi che gli uomini siano troppo condizionati dalla moda.

ORA TOCCA A LEI!

I   You've been left in charge of Reception.

Una signora vuol parlare con il direttore, ma il direttore non c'è in questo momento. Gli dica di tornare più tardi.

Torni più tardi, signora

1 Una signorina è arrabbiata perchè qualcuno la fa aspettare. Le dica di aver pazienza.

2 Un signore non sa dove lasciare la macchina. Gli dica di lasciarla davanti all'albergo.

3 Il dottor Magri telefona per sapere a che ora deve venire. Gli dica di venire al più presto possibile.

4 L'avvocato Starnuzzi si preoccupa molto perchè i suoi bagagli non sono ancora arrivati dalla stazione. Gli dica di stare tranquillo, di non preoccuparsi.

5 Una signora vuol fare una telefonata ma non ci riesce. Viene a chiederLe aiuto. Le dica di darLe il numero e il nome della persona con cui vuole parlare. ·

6 Una studentessa americana è molto preoccupata perchè è sempre seguita dai pappagalli. Le dica di non farci caso.

7 Un signore inglese ha visto della mozzarella in un negozio. Viene a chiederLe se è buona. Gli dica di comprarne un chilo e di provarla e, se non gli piace, di darla a Lei!

II   Each phrase on the right (a–j) could be a sensible reaction to *one* of the phrases on the left. See if you can match them:

1 Mi aspetti un attimo!   (a) Ne prenda anche due!
2 Mi spieghi che cos'ha fatto!   (b) No, ci vada domani!
3 Lasci la valigia qui.   (c) Grazie, ce la faccio da solo.
4 Venga a trovarmi!   (d) Non ci faccia caso!
5 Posso andarci adesso?   (e) Eh sì! Ci tiene molto, lui!
6 Posso prendere una sigaretta?   (f) Prenda il due.
7 I pappagalli mi danno fastidio.   (g) Perchè? Dove va?
8 Quale autobus devo prendere?   (h) Perchè? Non ha capito?
9 Ha bisogno di aiuto?   (i) Non dà fastidio?
10 Adolfo vuol essere chiamato   (j) Allora, mi dia il Suo indirizzo.
   'dottore'.

III   Sandro has exams coming up and he thinks Franco should help him. Franco has other plans, but Sandro is a pest!
Apart from Sandro's first remark, the conversation has been jumbled. Put what they say (1–9) in the right order:

Sandro: Fra tre settimane avrò gli esami.
1 Franco: Parto fra due giorni, con mia moglie.
2 Sandro: Non importa, vengo lo stesso. Così conoscerò i tuoi amici.
3 Franco: Magari quando torno. Dipende . . . Ti telefonerò. Ciao!
4 Sandro: Peccato! Volevo chiederti di aiutarmi. Quando parti?
5 Franco: Io, invece, sarò già in vacanza!
6 Sandro: Ma, se non posso venire domani sera, quando mi aiuterai, allora?
7 Franco: Senti, domani sera verranno a trovarci degli amici . . .
8 Sandro: Allora, vengo domani sera!
9 Franco: Senti, li conoscerai quando torneremo dal mare. Io ti inviterò a una festa, e ci saranno anche loro.

IV

1 Perchè i creatori di moda costringono le persone a cambiare modo di vestire da un anno all'altro?

2 Perchè hanno deciso di lanciare la maxigonna?

3 Il signor Tancredi dice che la maxigonna non era pratica. In che senso?

4 Dice anche che le strade sono sempre più sporche. Come mai?

5 A parte la mancanza di praticità, c'è ancora un altro motivo per cui la maxi non è stata accettata dalle donne. Qual è?

6 Da tre anni i sarti di tutto il mondo cercano di eliminare i pantaloni. Con che risultato?

7 Secondo quello che dice la Marchesa ci sono due categorie di uomini: quelli a cui le donne devono piacere e quelli a cui cercano di piacere. Saranno gli stessi, secondo Lei?

8 Secondo Lei, chi ci tiene di più a essere elegante, l'uomo o la donna? Perchè?

9 Che cosa pensa Lei della moda del borsetto? (È una cosa pratica? È effeminata...?).

10 Secondo Lei, la moda viene imposta alla gente o si può scegliere liberamente?

14 IL MONDO DEI BAMBINI

Silvia is from Rome and the other children in the classroom, talking to Gianni, live in Florence

Maria Laura   Tu, come ti chiami?
Silvia   Silvia.
Maria Laura ·   E quanti anni hai?
Silvia   Otto.
Maria Laura   Dimmi un po', Silvia, ti piace andare a scuola?
Silvia   S . . ., no.
Maria Laura   Perchè non ti piace andare a scuola?
Silvia   Perchè non mi piace fare i compiti.
Maria Laura   Raccontami un po' della tua scuola, della tua classe. Che cosa fai in classe?
Silvia   Faccio i compiti.
Maria Laura   Soltanto i compiti? Tu sei un po' ossessionata dai compiti, mi sembra. Cioè, tu vai in classe, ti incontri *(Sì)* con i tuoi compagni. Ci sono anche dei maschi, o siete soltanto bambine in classe?
Silvia   Maschi e bambine.
Maria Laura   Maschi e bambine. E giocate anche insieme *(Sì)* o studiate soltanto?
Silvia   Giochiamo e studiamo.
Maria Laura   Allora ti piace giocare? Con loro? *(Sì)* Allora ti piace andare a scuola?
Silvia   Sì, mi piace andare a scuola, ma studiare no. La cosa che mi dà più fastidio sono le poesie!

Maria Laura   Tu sei mai stata all'estero? Hai mai fatto un viaggio all'estero?
Silvia   Sì, ci sono stata.
Maria Laura   E dove sei stata?
Silvia   In Inghilterra, a Oxford.
Maria Laura   Quando ci sei stata? Molti anni fa?
Silvia   Sì.
Maria Laura   Molti anni fa?
Silvia   Sì, quando è finita la scuola, in estate.
Maria Laura   Molti mesi fa, alcuni mesi fa.
Silvia   Mesi. . . .
Maria Laura   Racconta, allora sei andata a Oxford, e che cosa hai fatto a Oxford?
Silvia   Abbiamo trovato un campeggio.
Maria Laura   E tu, che cosa facevi a Oxford, nel campeggio?

Silvia Nel campeggio c'erano i cigni.

Maria Laura C'era un lago (*Sì*) con i cigni.

Silvia Sì, e io gli davo il pane, oppure giocavo con Daniela, lei . . .

Maria Laura Anche Daniela è venuta?

Silvia Sì. (*In Inghilterra?*) Sì.

Maria Laura Tu andavi a fare la spesa qualche volta. (*Sì, con mamma*) Andavi nei negozi? (*Con mamma e Antonio*). Ecco, quando tu entravi nei negozi, che cosa chiedevi? Tu chiedevi di comprare qualcosa?

Silvia Sì, caramelle.

Maria Laura Caramelle. E come le pagavi, le caramelle?

Silvia Mamma mi teneva dei soldi che papà m'aveva dato.

Maria Laura E che soldi sono, quelli che usavi in Inghilterra?

Silvia Sterline, pence, così, mica possono essere cento lire o mille lire.

Maria Laura E tu riuscivi a usare le sterline, (*No*) i pence?

Silvia No. Quando stavamo per andare via, mi son comprata qualche cosa.

Maria Laura Che cosa ti sei comprata?

Silvia Una specie di disco dove c'erano tutte le canzoncine con le figure e i numeri.

Maria Laura E adesso riesci a cantare le canzoncine?

Silvia Ne so soltanto due.

Gianni talks to some children who are learning English in a school in Florence.

Gianni Ti piace l'Inghilterra?

Carlo Sì, perchè a quanto ho sentito è una bella nazione.

Gianni Bella come?

Carlo Da tutti i punti di vista.

Gianni A cosa ti serve imparare l'inglese?

Carlo Ma, perchè se ho occasione di visitare o l'America o l'Inghilterra, queste nazioni dove si parla l'inglese, mi sentirei più a mio agio.

Gianni E qui a Firenze, secondo te, l'inglese serve? Qui a Firenze, in Italia?

Carlo Sì, perchè se vengono turisti inglesi e mi chiedono qualcosa, io non mi ritrovo in imbarazzo.

Gianni E se vengono turiste inglesi?

Carlo Meglio ancora.

Gianni Meglio ancora!

Qualcuno qui è stato in Inghilterra? Quando ci sei stato? Come ti chiami?

Francesco Mi chiamo Francesco Rossi Ferrini. Ci sono stato . . . quando ero molto piccolino, avevo quattro anni. Comunque ci tornerò quest'anno, in settembre.

Gianni E quindi non ricordi niente, avevi quattro anni.

Francesco Mah, mi ricordo molto poco.

Gianni Che cosa?

Francesco Mi ricordo la via dove abitavo, e mi ricordo che si era in ottobre.

Gianni E che impressione t'ha fatto l'ottobre di Londra? Nebbia, ecco la nebbia londinese, la ricordi? Qui a Firenze non c'è.

Francesco   Ma, nella via dove abitavo io, a dire la verità, si stava molto bene, faceva freddo. Ah, anzi mi ricordo anche un'altra cosa, mi ricordo che c'era un laghetto nella casa dove abitavo.

Gianni   Bello! Con i cigni?

Francesco   No, un laghetto molto piccolo sotto un, un 'berceau'.

Gianni   Ti piacerebbe vivere a Londra?

Francesco   A me piace vivere a Firenze perchè sono nato a Firenze, ma certo a un londinese piacerà vivere a Londra, perchè è nato a Londra.

Gianni   E così, nessuno si muove!
Come ti chiami? Via, dimmelo.

Silvia   Mi chiamo Silvia.

Gianni   Cosa pensi dell'Inghilterra?

Silvia   Penso dell'Inghilterra una grande . . .

Gianni   Distesa di nebbia?

Silvia   Sì, diciamo una grande distesa di nebbia.

Gianni   No, questo l'ho detto io, non è quello che pensi tu.

Silvia   A Londra m'immagino la statua di, di Peter Pan, un bambino con tutti i suoi amici che non volevano crescere mai per non avere la preoccupazione dei grandi.

Evviva la libertà!

PAROLE ED ESPRESSIONI

dimmi un po' — tell me now

raccontami un po' della tua scuola — tell me about your school

tu entravi nei negozi — you went into the shops (notice **entrare** is followed by **in**)

come le pagavi, le caramelle? — how did you pay for the sweets? **Pagare** *to pay for* as well as *to pay*

mamma mi teneva dei soldi che papà m'aveva dato — Mummy used to keep the money that Daddy had given me

mica possono essere cento lire o mille lire — they can't be a hundred or a thousand lire, can they?

quando stavamo per andare via — when we were about to leave

a quanto ho sentito — according to what I've heard

a cosa ti serve? — what use is it to you?

mi sentirei più a mio agio — I would feel more at ease

io non mi ritrovo in imbarazzo — I won't feel embarrassed

meglio ancora — better still

si era in ottobre — it was October

si stava molto bene — we were very comfortable

anzi — indeed, in fact

un berceau (a French word) — arbour, bower

certo a un londinese piacerà vivere a Londra — obviously a Londoner will like living in London

nessuno si muove — everybody stays put

via, dimmelo — come on, tell me

questo l'ho detto io — that's what I said

non è quello che pensi tu — it's not what *you* think

per non avere la preoccupazione dei grandi — so as not to have the worries of grown-ups

---

VITA E AMBIENTE

La scuola mista

Silvia frequenta una scuola elementare dove ci sono bambini e bambine. È una scuola mista. A volte nelle scuole miste i ragazzi sono separati dalle ragazze, a volte frequentano la stessa classe. Quasi tutte le scuole pubbliche o statali sono miste mentre le scuole private, generalmente organizzate da istituti religiosi, sono aperte o ai maschi o alle femmine soltanto. I ragazzi delle scuole elementari devono sempre mettere dei grembiuli (*smocks*) in classe. A Roma i grembiuli sono bianchi o blu e si portano con grandi nastri colorati (*coloured bows*), generalmente bianchi o blu.
In altre città d'Italia i grembiuli hanno colori diversi, a seconda delle classi.

Nelle scuole medie i grembiuli sono generalmente neri, ma solo per le femmine. I maschi delle medie non portano le gonne e neppure i nastri, naturalmente! Ma adesso anche le ragazze non vogliono più portare i grembiuli e preferiscono portare le minigonne o i pantaloni perchè ci tengono ad essere alla moda!

LA LINGUA

---

1 Dimmi un po'.

Dimmi is a familiar way of saying **mi dica**. It is a **tu** form and would be used to children, relations and friends.

The familiar imperative of regular -**are** verbs has the ending -**a**:

    guarda! aspetta! mangia! chiama! lascia!

In most other verbs the **tu** form of the present is used:

    senti! prendi! finisci! rispondi! vieni! tieni! metti! bevi!

Vai! stai! dai! *and* fai! also have shorter forms: va', sta', da' *and* fa'.
Stai *or* sta' zitto! (zitta!) Be quiet! Shut up!

Note also: dire — di'

    Di' la verità!   Tell the truth!

With reflexive verbs **ti** is added.

    alzati! lavati le mani! divertiti! ricordati!

So too are **mi, ci, lo, gli**, etc.:

    Prendine due! Aiutaci a portare la valigia! Telefonagli subito!
    Lasciami in pace!

m, t, l, c and **n** are doubled after **da', va', fa', di'** and **sta'**:

    Dammi un po' di pane!

    Se non puoi farlo oggi, fallo domani!

    Telefona a Maria e dille di venire!

    Non posso andarci oggi. — Allora, vacci domani!

    Fatti chiamare alle sei, che dobbiamo partire presto!

The negative of this **tu** form is simply **non** and the infinitive:

    Non fare troppo rumore!

    Non dire questo a nessuno!

    Non farti aspettare.

When talking to more than one person, whether friends or strangers, the **voi** form is used:

    Non aspettate qui! Entrate in casa!

Mi, ti, lo, etc. are attached to the end of this form when it is used as an imperative:

    Ditemi come vivete.   Tell me how you live.

Dove mettiamo i vestiti? — Metteteli nell'armadio!
Ecco Gino! Chiamatelo! Chiedetegli dove va!

2 Quando è finita la scuola.

Finire makes its perfect with **essere** when it means *finish* in the sense of *come to an end*:

La guerra è finita molti anni fa.   The war ended many years ago.
Le vacanze sono finite in ottobre.   The holidays ended in October.

It makes its perfect with **avere** when it means *bring to an end*:

Ho finito il lavoro ieri sera.

Finire di fare qualcosa is *to finish doing something*.

Ho finito di scrivere la lettera.
Telefonami appena finisci di lavorare.

3 Che cosa facevi a Oxford?

The **tu** form of the imperfect (9.1—4) always ends in -i:

Tu andavi a fare la spesa qualche volta.
Tu chiedevi di comprare qualcosa?
E tu riuscivi a usare le sterline, i pence?
Ti alzavi molto presto quando eri in campagna?

Notice how the imperfect is used by Maria Laura and Silvia to talk about what things *were* like (c'era un lago, c'erano i cigni) and what Silvia *used to* do (gli davo del pane, giocavo con Daniela, *etc.*).

4 Quando stavamo per andare via . . .

Stare per fare qualcosa *to be on the point of doing something, to be about to do something.* It is used in the present and the imperfect:

Perchè hanno fatto le valigie? — Stanno per partire.
Stavo proprio per uscire quando è arrivata Giulia.
Stavi per dire qualcosa quando ha telefonato Aldo?

5 mi son comprata qualche cosa

Comprarsi qualcosa is to buy something for oneself:

Prima di andare via, Silvia si è comprata un disco.
Ci siamo comprati una casa al mare.

It is very common to hear verbs used reflexively without any real change in meaning. For example you might hear:

Aldo si è mangiato un piatto di spaghetti.

Ci siamo presi un caffè prima di uscire.

instead of:

Aldo ha mangiato un piatto di spaghetti.

Abbiamo preso un caffè prima di uscire.

6 Si stava molto bene.

Stare is not only used to talk about health (sto bene, sto male) but also to refer to more general situations, like **trovarsi** (6.5):

Sto sempre bene in Italia (Mi trovo sempre bene).

Stiamo molto meglio adesso che abbiamo cambiato casa.

Come stai nella casa nuova? Ci sto bene (Ci sto male).

Incidentally Francesco could also have said:

Stavamo molto bene. The singular **si** form is frequently used instead of the **noi** form.

Cosa facciamo stasera: si va al cinema, o si rimane a casa?

7 a un londinese piacerà vivere a Londra

Piacerà, the future of **piace**, here indicates probability. The future is often used in this way:

Che ore sono?	Saranno le dieci (It'll be about ten).
Quanti anni ha lui?	Ne avrà circa quaranta (He'll be about 40).
Dov'è Anna	Sarà già partita (She's probably left already).
Chi l'ha fatto?	L'avrà fatto Giulio (Giulio, most likely).

I cigni piacciono molto ai miei figli.

Allora, piaceranno anche ai loro amici.

ORA TOCCA A LEI!

I   You are looking after some rather difficult children:

Di' a Maria di lavarsi le mani.   *Maria, lavati le mani!*

Di' a Pierino di non fare tanto rumore.   *Pierino, non fare tanto rumore!*

Di' ai ragazzi di alzarsi.   *Ragazzi, alzatevi!*

1 Di' a Carla di non disturbare gli altri.

2 Di' a Giorgio di non strillare così.

3 Di' a Gina di mangiare, bere e star zitta.
4 Di' a Enzo di fare i compiti.
5 Di' a Pina di darti una mano a pulire la casa.
6 Di' a Giorgio di lasciarti in pace.
7 Di' a Pierino di non dire parolacce.
8 Di' ai ragazzi di non mangiare troppe caramelle.
9 Di' alle ragazze di aiutarti a lavare i piatti.
10 Di' a tutti di andare a dormire!

II

1 A Silvia non piace andare a scuola. Perchè no?
2 Qual è la cosa che le dà più fastidio?
3 Silvia è andata a Oxford da sola?
4 Che cosa faceva con i cigni? Giocava con loro?
5 Quando entrava nei negozi, che cosa chiedeva di comprare?
6 Come le pagava le caramelle? Aveva i soldi per pagarle?
7 Silvia si è comprata un disco in Inghilterra. Quando l'ha comprato?
8 Adesso riesce a cantare tutte le canzoncine che ci sono sul disco?

III   Put in **aspettami, chiamami, dammi, digli, dille, porta** and **vieni** as
       appropriate.
       Un gettone: a token used for making calls from public telephones.

1 Non vedo Giorgio da molto   Chiamalo e . . . . di venire a
  tempo.   trovarci.

2 . . . . un gettone e lo
  chiamerò. Se risponde Maria,
  che cosa le dico?   . . . . di venire anche lei.

3 Va bene . . . . qui.
  Torno subito.

  Pronto! Giorgio? Sono io,   Aldo!! Come stai? Non ti vedo da
  Aldo!   tanto tempo!

4 Allora perchè non vieni a
  trovarci stasera? . . . .
  verso le otto. . . . .
  anche Maria, se vuol venire.   Maria non c'è in questo momento.
                                     È andata a fare la spesa. Ti posso
                                     richiamare?

5 Sarò a casa verso le cinque.
  . . . . prima delle sei.
  Va bene?   Va bene! Ciao, ci sentiamo!

IV

1 L'inglese serve a Firenze? A che cosa serve?

2 Francesco si ricorda molto poco dell'Inghilterra. Perchè?

3 Com'era il tempo quando Francesco era a Londra? C'era nebbia? Faceva caldo?

4 Che cosa si ricorda della casa dove abitava?

5 Perchè a Francesco non piacerebbe vivere a Londra?

6 A che cosa pensa la Silvia di Firenze quando ricorda l'Inghilterra?

7 Gli italiani sono un po' ossessionati dalla famosa nebbia londinese. Secondo Lei, è giustificata questa ossessione, o la trova un po' esagerata?

8 Quando Lei era bambino (bambina), Le piaceva andare a scuola? Che cosa Le piaceva di più? Che cosa Le dava più fastidio?

If someone is studying very hard at school, a less conscientious friend might say:

Ma perchè studi? Meglio un asino vivo che un dottore morto!

# IL GIOCO DEL CALCIO

Thoughts on a local derby between Roma and Lazio from fans waiting outside the ground and from one who couldn't bear to go and watch

Un romanista   Io dico che la Roma vince a sette a zero, sette a zero, perchè è più forte, è molto più forte.

Maria Laura   Signora, sa chi sta vincendo adesso?
Una signora   Fino a adesso uno a zero, la Lazio uno.
Maria Laura   Lei si interessa al calcio, signora?
Una signora   Ma io poco, veramente.

Maria Laura   Scusi, chi sta vincendo?
Un tifoso   La Lazio.
Maria Laura   Per quanto?
Un tifoso   Uno a zero.
Maria Laura   Grazie.
Un tifoso   Prego.

Maria Laura   Chi sta vincendo?
Un altro tifoso   Vince la Lazio, per pura disgrazia.
Maria Laura   Lei è romanista?
Un altro tifoso   Sì, son romanista.

Maria Laura   Le piace il calcio?
Un signore romano   Sì, abbastanza. Spesso vado . . ., vado a vedere delle partite. Tifo per la squadra della Roma che è la squadra della mia città.
Maria Laura   È andato alla partita Roma-Lazio?
Un signore romano   No, non ci sono andato perchè è l'unica partita che da qualche anno a questa parte non posso vedere.
Maria Laura   Perchè?
Un signore romano   In quanto mi si mette una specie di mattone sullo stomaco e rimane lì fisso per tutti e due i tempi della partita. O se vince la Roma o se vince la Lazio.
Maria Laura   Lei quindi veramente soffre alle partite!
Un signore romano   Veramente, veramente.
Voglio spiegarmi: nelle partite della mia squadra sono piuttosto freddo perchè non c'è quell'accanimento che c'è quando gioca contro la Lazio, che è un'altra squadra di Roma.
Maria Laura   Ma com'è andata quella partita?
Un signore romano   Male, male veramente, proprio!

Maria Laura   Male per chi?
Un signore romano   Per la Roma purtroppo.
Maria Laura   Chi ha vinto, la Lazio?
Un signore romano   Ha vinto la Lazio, esattamente.
Maria Laura   Per quanto ha vinto?
Un signore romano   Uno a zero. Uno a zero, un goal che qualcuno dice che è
    stato anche fortunoso. Adesso, io voglio essere obiettivo: con molta
    probabilità l'hanno fatto perchè hanno giocato meglio.

Ferruccio Valcareggi is the manager of the Italian team

Gianni   Quanti anni ha? Si può chiedere?
Valcareggi   Come no? Cinquantaquattro.
Gianni   Posso anche dire che ha i capelli bianchi, non tutti, naturalmente?
    Qualcuno . . .
Valcareggi   Bianchi, parecchi.
Gianni   Va bene. E per quali ragioni? Per il Suo lavoro tormentoso di
    Commissario Tecnico in Italia o semplicemente per l'età?
Valcareggi   Il lavoro è tormentoso. Indiscutibilmente. Però i capelli bianchi
    vengono lo stesso, anche senza fare l'allenatore.

Gianni   Lei ha portato la Nazionale Italiana al secondo posto ai Campionati del Mondo in Messico. Siccome il calcio è l'attività più seguita in Italia, forse, e comunque, purtroppo, Lei è la persona più amata in Italia per questo risultato?

Valcareggi   Amata e odiata, direi, e criticata, prima di odiata. Perchè naturalmente in Italia siamo 40, 45 milioni di Commissari Tecnici. Tutti quanti la vediamo nella nostra maniera; tutti quanti vediamo anche giusto. Il gioco del calcio è opinabile. Però bisogna vincere con la formazione che si mette in campo. Tutto lì.

Gianni   È bene precisare che Lei è stato odiato concretamente, cioè che si è arrivati al lancio dei pomodori, se non ricordo male; e più di una volta. È così?

Valcareggi   No, forse i pomodori . . .

Gianni   Pomodori piccoli piccoli, nemmeno?

Valcareggi   I pomodori sono stati dopo la Corea, i Campionati del Mondo dell'Inghilterra, del 1966. Lì c'era l'amico e collega Fabbri. Io ero il suo luogotenente. Lì abbiamo avuto i pomodori. Io, però, ho avuto qualche mandarino, a Cagliari, contro la Spagna, che si perse due a uno. Comunque è un capitolo chiuso. Io a Cagliari ci sono stato, siamo ritornati nuovamente amici.

Gianni   Ma come giudica questo fatto? Che in Italia si arriva a eccessi come questi?

Valcareggi   Ecco, l'unica cosa che sinceramente bisognerebbe augurarsi che avvenisse è quello di essere un tantino più tranquilli, perchè il gioco del calcio è un gioco, e come tutti i giochi si può vincere e si può perdere. Qui invece c'è del fanatismo, c'è dell'interesse troppo sentito. Bisognerebbe cercare di un pochino tranquillizzare tutti gli sportivi, tutti i tifosi, tutta la gente che segue questo sport. Non bisogna essere cattivi, non bisogna cercare di creare polemiche antipatiche e magari con vie di fatto. Bisogna cercare in tutte le maniere di capire che questo, ripeto, è un gioco.

PAROLE ED ESPRESSIONI

la Roma vince a sette a zero	Rome will win 7 nil. (**Per sette a zero** is more usual)
sa chi sta vincendo?	do you know who's winning?
la Lazio	Lazio — the other First Division Rome team
per pura disgrazia	unfortunately! worse luck!
tifo per la squadra di Roma	I support Rome
da qualche anno a questa parte	for some years now
non posso vedere	I can't bear to see
in quanto mi si mette una specie di mattone sullo stomaco	because I get a sort of heavy feeling inside me

per tutti e due i tempi	for both halves
o se vince la Roma o se vince la Lazio	whether Rome wins or Lazio wins
voglio spiegarmi	I should explain
il Commissario Tecnico	the team manager
la Nazionale Italiana	the Italian team
tutti quanti la vediamo nella nostra maniera	we all see it in our own way
la formazione che si mette in campo	the team you put on the field
si è arrivati al lancio dei pomodori	they went so far as to throw tomatoes
si perse (abbiamo perso)	we lost. (see page 207)
è un capitolo chiuso	it's over and done with now
l'unica cosa che sinceramente bisognerebbe augurarsi che avvenisse è quello di essere un tantino più tranquilli	the only thing we should sincerely want to happen is that people should be a little bit calmer
c'è dell'interesse troppo sentito	there is too much partisan spirit
bisognerebbe cercare di . . .	one should try to . . .
magari con vie di fatto	even coming to blows

VITA E AMBIENTE

Il gioco del calcio

Il calcio è la grande passione degli italiani, che sono anche chiamati 'sportivi della domenica', perchè le partite di calcio si giocano la domenica in Italia. C'è chi dice che adesso il calcio è più un commercio che uno sport: in effetti, nelle squadre di serie A (le più importanti d'Italia) dei grandi industriali investono spesso molti miliardi per comprare i migliori giocatori. La maggioranza degli italiani ama parlare del calcio (alle donne piace meno): specialmente il sabato e il lunedì tutti parlano delle partite del giorno dopo e di quelle del giorno prima. Questo fenomeno si nota specialmente a Roma e a Milano dove ci sono due squadre che difendono i colori della città: Milan e Inter per Milano, Roma e Lazio per Roma. L'incontro tra le due squadre si chiama 'derby'. È un grande avvenimento per i tifosi, alcuni dei quali soffrono veramente quando la loro squadra perde.
Ogni squadra ha colori diversi. I colori della Lazio e della Roma sono: bianco e azzurro (*sky blue*) per la Lazio e giallo e rosso (*yellow and red*) per la Roma.
Spesso i tifosi (specialmente i napoletani) manifestano il loro entusiasmo per la 'squadra del cuore' facendo esplodere nel campo da gioco dei mortaretti (*fireworks*). In altre città moltissime espressioni vengono usate per incoraggiare

la squadra favorita, come 'Forza Roma!', 'Dai, Milan, sei grande'!
In Italia esistono quattro giornali che si occupano esclusivamente di
avvenimenti sportivi, specialmente delle partite di calcio.
Ferruccio Valcareggi è il Commissario Tecnico della Nazionale Italiana di
calcio, quella che difende i colori dell'Italia all'estero. Il colore delle maglie
dei giocatori della Nazionale Italiana è l'azzurro e perciò i calciatori della
Nazionale vengono chiamati anche 'gli azzurri' (come i giocatori della Roma
vengono chiamati 'i giallo-rossi', quelli della Lazio 'i biancazzurri').

Tifosi nello stadio

LA LINGUA

1 Chi sta vincendo?

The present tense of **stare** is used with the gerund (**-ando**/**-endo** form — see 8.6)
for actions in progress at the time of speaking:

Sto	cercando d'imparare l'italiano.	I'm	trying to learn Italian.
Gino sta	pensando di andare in Italia.	Gino is	thinking of going to Italy.
Stiamo	aspettando una lettera da Pina.	We are	expecting a letter from Pina.
Loro stanno	leggendo un libro interessante.	They are	reading an interesting book.

This present continuous form has a much more limited use than its counterpart
in English. It is *never* used to talk about the future:

Dove vai stasera?   Vado al cinema.

Cosa fate domani?   Non facciamo niente di speciale.

Even when you are talking about the present it can usually be replaced by the simple present form:

Cosa stai facendo? *or* Cosa fai?   What are you doing?

unless you want to emphasize that the action is not finished:

Aspetta un attimo.   Sto scrivendo una lettera.

You will often hear this form used with **proprio adesso**:

Hai fatto quel lavoro?

Lo sto facendo proprio adesso!

Siete stati alla partita?

Ci stiamo andando proprio adesso.

The imperfect of **stare** is used in the same way with reference to past time:

Stavo pensando di telefonare a Giulia quando lei è venuta a trovarmi.	I was thinking of phoning Giulia when she came to see me.
Stavamo parlando di te proprio quando sei entrato nella stanza.	We were talking about you just when you came into the room.
Che cosa stavi facendo quando ti ho visto l'altro giorno?	What were you doing when I saw you the other day?
La Nazionale stava perdendo uno a zero quando Anastasi ha segnato un goal proprio all'ultimo minuto della partita.	Italy was losing one-nil when Anastasi scored a goal in the very last minute of the match.

2   Voglio spiegarmi.

The ending -**si** of the reflexive infinitive changes to agree with the subject it refers to:

Vado a cambiarmi.	I'm going to get changed.
Vuoi lavarti le mani?	Do you want to wash your hands?
Dobbiamo alzarci presto domani.	We must get up early tomorrow.
Voglio divertirmi il più possibile.	I want to enjoy myself as much as possible.
Loro due dovrebbero aiutarsi di più.	Those two should help each other more.
Avete la possibilità di farvi accompagnare alla stazione?	Are you able to get somebody to take you to the station?

Mi, **ti**, **si**, etc. can also come before the first verb:

Mi vado a cambiare.

Ti vuoi lavare le mani?

Ci dobbiamo alzare presto domani.

There is no difference in meaning.

3 Chi ha vinto?

Vinto is the past participle of **vincere**. A number of common verbs have past participles in - **nto**. For example **convincere** (to convince), **aggiungere** (to add), **raggiungere** (to reach), **dipingere** (to paint), **spingere** (to push) and **spegnere** (to put out, switch off).

Sono convinto che la Lazio vincerà per 10 a zero.

> I'm convinced that Lazio will win 10 nil.

La Nazionale Italiana ha raggiunto un altissimo livello in questi ultimi anni.

> The Italian team has reached a very high level in these last few years.

Hai spento la luce?

> Did you switch the light off?

Chi l'ha spinto a prendere quella decisione?

> Who induced him to take that decision?

ORA TOCCA A LEI!

I You are being nagged. Whatever you're told to do, say you're already doing it!

Perchè non lavi i piatti? — Li sto lavando adesso!

Perchè non chiudi le finestre? — Le sto chiudendo adesso!

1 Perchè non ripari la radio? ....

2 Perchè non metti quel disco? ....

3 Perchè non fai le valigie? ....

4 Perchè non scrivi a Giorgio? ....

5 Perchè non telefoni a Maria? ....

6 Perchè non finisci quel lavoro? ....

7 Perchè non pulisci la tua camera? ....

8 Perchè non ti alzi? ....

(Perchè non stai zitta?!).

II

1 Il tifoso dice che la Roma vincerà per sette a zero. Perchè?

2 Quando Maria Laura parla con la signora, chi sta vincendo? Per quanto?

3 Perchè il signore romano non è andato alla partita Roma-Lazio?

4 Lui soffre molto quando la Roma gioca con la Lazio. Come mai?

5 Com'è finita la partita di cui si stava parlando all'inizio?

6 Secondo Lei, il signore romano è obiettivo, o no? Perchè?

III Paolo and Silvia are twins. They will be twenty-one in three days' time. This is Silvia talking about herself:

Fra tre giorni avrò ventun anni. Sto pensando di organizzare una festa. Ho già invitato tutti i miei amici e sto pensando d'invitare anche alcune ragazze che ho conosciuto quando ero al mare quest'estate. Nel frattempo, sto facendo un po' di spese, sto comprando dei dischi e sto mettendo in ordine la casa. Infatti, quando è arrivata Giulia, stavo proprio per andare al supermercato, perchè mi mancano ancora alcune cose. Sono uscita con lei e sono rientrata proprio adesso.

   (i)   Say the same things *about* Silvia: **Fra tre giorni Silvia** . . . . making the necessary changes throughout.

   (ii) Now talk about both the twins, beginning: **Fra tre giorni Paolo e Silvia** . . . .

   (iii) Now talk about both of them as if you were either Paolo or Silvia: **Fra tre giorni noi** . . . .

IV

   1 Ferruccio Valcareggi è il Commissario Tecnico della Nazionale Italiana. Qual è stato il suo più grande successo?

   2 Il signor Valcareggi viene criticato molto in Italia. Come spiega lui questo fatto?

   3 L'ex Commissario Tecnico Fabbri è stato molto criticato dopo i campionati mondiali del '66. Perchè?

   4 Il signor Valcareggi, invece, è stato criticato dopo la partita Italia-Spagna giocata a Cagliari. Perchè?

   5 Come spiega il fatto che in Italia si arriva a eccessi come questo?

   6 Secondo il signor Valcareggi, qual è la cosa più importante che i tifosi italiani devono capire?

   7 E Lei si interessa al calcio? Per quale squadra tifa?

   8 Lei preferisce andare allo stadio o vedere le partite alla televisione?

16 CANTINE SOTTO LA CHIESA

Don Cantini is the parish priest of a country church in Tuscany

Gianni   Parliamo della Sua parrocchia. Si dice qui in Italia: quante anime ha?

Don Cantini   Dunque, la mia parrocchia . . ., una volta, cioè a dire prima della industrializzazione dell'Italia, aveva circa 900 anime.

Gianni   E quanti sono i parrocchiani ora?

Don Cantini   I parrocchiani ora, appunto, da 900 sono ridotti circa a un 350.

Gianni   Da quanti anni vive qui Lei?

Don Cantini   Sono vent'anni.

Gianni   Oltre a fare il pastore di anime, si occupa anche direttamente della campagna?

Don Cantini   Mi occupo direttamente della campagna perchè la chiesa ci ha un cosiddetto 'beneficio' che consiste nel possesso di circa 60 ettari di terreno. Ora coltiviamo molto la vite e l'olivo.

Gianni   Infatti questa chiesa, so che ha delle bellissime cantine.

Don Cantini   Sì, ci ha delle bellissime cantine. Ora, se il tempo lo permettesse, noi potremmo andare a degustare il vino proprio presso le botti di legno, e sentire il vino che sta maturando perchè il vino non è maturo finchè non è . . ., non ha passato un anno (*Bene . . .*) Oppure potremmo noi degustare il vino presso i tini moderni che sono . . ., all'occhio sono molto più brutti delle botti di legno perchè alle botti di legno ci ha lavorato un artigiano.

Gianni   Certo molto è cambiato, vero, padre? Anche guardandosi intorno, la campagna ha un aspetto più industriale che contadino. Si sente la mano degli operai e non più dei . . ., dei contadini: lunghe file di, di, di viti sostenute da paletti di cemento, e non più di legno, è vero questo?

Don Cantini   Sì, questo è vero. Anzi direi che qualche proprietario è stato un po' cattivo con la natura, e anche con gli antenati, i nostri antenati, o meglio i vecchi di . . ., della zona, i quali hanno dovuto molto lavorare, faticare per piantare degli olivi. Ora questo proprietario, appunto, di cui parlavo ha avuto il coraggio di prendere e distruggere un'oliveta intera. Per far che cosa? Per metterci la vite. Perchè? Ecco, perchè la vite entro tre anni dà il suo frutto, l'olivo invece può passare un anno, due che non dà il suo frutto. Quindi mentre su in alto noi vedevamo soltanto il verde degli ulivi, anche di gennaio, anche nel pieno inverno, ora purtroppo vediamo colonnini di cemento e vediamo delle vigne moderne le quali hanno appunto più un aspetto industriale che un aspetto artigianale o contadino. Però questo spettacolo così triste mi ha fatto venire in mente uno spettacolo che è successo, che è avvenuto nel 1956, quando, di febbraio, è avvenuta una grande gelata, cioè a dire, sono arrivati da noi in Toscana, cosa strana, dei venti del nord, ma venti siberiani, i quali hanno portato il clima a 17 gradi sottozero. E l'ulivo, che è una pianta tipicamente mediterranea, ci ha . . ., ci ha rimesso le ossa, poichè abbiamo visto subito che le foglie dell'ulivo sono diventate appassite.

Don Cantini, davanti alla sua chiesa.

Abbiamo provato a tastare la buccia, e abbiamo sentito che la buccia della pianta era completamente staccata dal tronco. Ora, qualunque pianta che abbia la buccia staccata dal tronco è destinata a morire, a seccare completamente. Quindi era un disastro, tutti si lamentavano. Ma invece alla fine di, di febbraio, i primi di marzo, è avvenuto del caldo, un caldo umido. Questo caldo ha fatto muovere la linfa dalle radici e questa linfa si è inserita tra la buccia e il tronco e ha riattaccato la buccia al tronco, tanto che siamo arrivati poi a maggio e l'ulivo ha cominciato nuovamente a germogliare. In quell'anno non ha dato frutto. Però ha continuato a vivere e ha messo, anzi ha messo delle fraschette per la produzione dell'anno prossimo. Gli antichi hanno detto che l'ulivo è una pianta sacra, perchè ci ha la . . ., una parte della natura immortale. E difatti questo mi sembra che sia proprio vero, l'esperienza che ho fatto qui in campagna, vedere una pianta ormai destinata a morire, che rivive, rivive per ridare nuovamente questo bellissimo frutto che è l'oliva, dal quale poi viene l'olio.

PAROLE ED ESPRESSIONI

sono ridotti circa a un 350	are reduced to about 350 or so
il pastore di anime	shepherd of souls
se il tempo lo permettesse, noi potremmo . . .	if time permitted, we could . . .
presso le botti di legno	from the wooden barrels
finchè non ha passato un anno	until it's been there a year. **Non** here has no negative meaning.
guardandosi intorno	looking around you
lunghe file di viti sostenute da paletti di cemento	long lines of vines supported by concrete posts
ha avuto il coraggio di . . .	had the audacity to . . .
un'oliveta	it is more common to say **uliveto**
per metterci la vite	to plant vines in their place
l'olivo invece può passare un anno, due che non dà il suo frutto	but the olive can go for one or two years without bearing fruit (**olivo** and **ulivo** are both used).
su in alto	up there, on the hillsides
anche di gennaio	even in January (also: **in gennaio**).
è avvenuta una grande gelata	there was a great frost (more usually: **c'è stata una grande gelata**).
sono arrivati da noi in Toscana . . . dei venti del nord	here in Tuscany we had winds from the north
ci ha rimesso le ossa	gave up the ghost
qualunque pianta che abbia la buccia staccata dal tronco . . .	any plant with its bark coming away from the trunk . . .
i primi di marzo	at the beginning of March

è avvenuto del caldo	warm weather came (more usually: **è venuto il caldo**).
questo caldo ha fatto muovere la linfa	this heat made the sap rise
tanto che siamo arrivati poi a maggio	so that we got to May
anzi ha messo delle fraschette	in fact it started growing new twigs

VITA E AMBIENTE

Non manca mai un paio di buoi bianchi...

La campagna toscana

L'amore con cui questo parroco descrive la campagna è un segno dell'importanza che la terra ha in Italia. Quando Don Cantini parla della campagna, della vite e dell'ulivo usa espressioni piene di poesia che ricordano il linguaggio biblico. Per lui l'ulivo diventa addirittura un essere umano, con ossa e tutto!

I toscani amano molto l'ulivo e la vite: queste sono le piante più tipiche della loro regione, che danno alla Toscana quel suo aspetto così caratteristico. Nella zona del Chianti (a sud di Firenze) si producono i vini tipici toscani, cioè il Chianti e il Chianti classico, che rappresentano circa il 10% della produzione di vino italiano. La zona intorno a Lucca invece è famosa per la coltivazione dell'ulivo e la produzione dell'olio. Oltre alla vite e all'ulivo, fanno parte del paesaggio toscano anche altre piante come il cipresso e il pino, ma soprattutto non manca mai un paio di buoi bianchi che lavorano nei campi. In Toscana, come in altre regioni, specialmente dell'Italia centrale, c'è ora un grave problema: i giovani contadini lasciano la terra per andarsene a lavorare nelle fabbriche come operai. I campi vengono abbandonati e le case restano sole, quando muoiono i vecchi.

LA LINGUA

1 Da quanti anni vive qui Lei?   Sono vent'anni.

È and **sono** are frequently used in the same way as **da** (2.5).

Sono dieci anni che abito qui.	I've lived here for twenty years.
È molto tempo che Giulio non si vede da queste parti.	It's a long time since Giulio was seen around these parts.
Sarà quasi un anno ormai!	It must be almost a year now!

Più is often added to the negative for emphasis:

È quasi un anno che non lo vedo più!	It's nearly a year since I last saw him!

2 Se il tempo lo permettesse, noi potremmo andare . . .

Potremmo (we could, we would be able to) is a conditional form of **potere**. The **io, lei, noi** and **loro** forms of the conditional are formed from all verbs by replacing the future endings (see 12.6 and 13.3) with -**ei**, -**ebbe**, -**emmo**, -**ebbero**. (The accent is always on the first **e** of the ending):

io potrei.	I would be able to.
Lei (lui, lei) potrebbe.	you (he, she) would be able to.
noi potremmo.	we would be able to.
loro potrebbero.	they would be able to.
(essere) I would be, etc:	sarei, sarebbe; saremmo, sarebbero
(avere) I would have, etc:	avrei, avrebbe; avremmo, avrebbero
(venire) I would come, etc:	verrei, verrebbe; verremmo, verrebbero

Also:

direi	(I'd say)	comprerei	(I'd buy)
farei	(I'd do, make)	cercherei	(I'd try, look for)
andrei	(I'd go)	prenderei	(I'd get, take)
vedrei	(I'd see)	mi divertirei	(I'd have a good time)

144

The conditional is used with phrases like

se il tempo lo permettesse	if time (*or* the weather) permitted
se avesse i soldi	if he (she, you) had the money
se fosse possibile	if it were possible
se non fosse così tardi (lontano)	if it weren't so late (far):

Se il tempo lo permettesse, i bambini potrebbero mangiare all'aperto.	If the weather permitted, the children could eat outside.
Se Maria avesse i soldi, comprerebbe una casa al mare.	If Maria had the money, she would buy a house at the seaside.
Verrei a trovarti anche stasera, se non fosse così tardi.	I'd come and see you this evening, if it weren't so late.
Se l'ufficio non fosse così lontano, non prenderemmo la macchina, andremmo a piedi.	If the office weren't so far, we wouldn't take the car, we'd walk.
Ci sono alcuni proprietari che distruggerebbero tutti gli uliveti per metterci la vite, se fosse possibile farlo.	There are some landowners who would destroy all the olive groves to plant vines there instead, if it were possible to do so.

Note the meanings of the conditionals of **dovere** and **volere**:

dovrei	I ought to, I should *or* I would have to
vorrei	I would like to

Dovrei telefonargli adesso, ma non vorrei disturbarlo a quest'ora.

Dovremmo partire domani mattina alle sei. Loro vorrebbero partire con noi, se fosse possibile.

The **tu** and **voi** endings of the conditional are - **esti** and - **este**:

Se fosse possibile andare sulla luna, tu ci andresti? (voi ci andreste?).

If it were possible to go to the moon, would you go?

3 guardandosi intorno

Notice how **mi, si, lo, gli, ci,** etc. are attached to the gerund (15.1) when it is used without **stare**.

Facendolo così, non si perde tanto tempo.	By doing it this way you don't waste so much time.

Alcuni proprietari vogliono distruggere gli uliveti, perchè distruggendoli e mettendoci la vite, sperano di guadagnare molto di più.

4 i vecchi della zona, i quali hanno dovuto lavorare

i quali refers back to **i vecchi**. Compare:

i vecchi della zona, la quale è la più bella d'Italia.	the old people of the region, which is the loveliest in Italy.

Here **la quale** refers to **zona**.

In both cases, however, it would be possible (and even more usual) to use **che**:

> i vecchi della zona, che hanno dovuto lavorare molto.

> i vecchi della zona, che è la più bella d'Italia.

However, sometimes **il quale** (**la quale; i quali, le quali**) *must* be used in order to avoid ambiguity. For example:

> La madre di Giorgio, la quale sta in ospedale già da tre mesi, mi ha scritto una bellissima lettera.

> Giorgio's mother, who has been in hospital for three months now, has written me a very nice letter.

To use **che** here would imply that Giorgio himself was in hospital. As a general rule though it is advisable to stick to **che** and **cui** — or make shorter sentences:

> Ho ricevuto una bellissima lettera dalla madre di Giorgio. La poveretta sta in ospedale già da tre mesi.

5 uno spettacolo che è successo, che è avvenuto . . .

Both **succedere** and **avvenire** mean *to happen* and make their perfects with **essere**. **Succedere** is rather more common.

> Che cos'è successo?

> What happened?

> Non è successo niente.

> Nothing happened.

6 Sono arrivati da noi in Toscana . . .

Andare, venire da qualcuno is *to go, come to a person's place*:

> Perchè non vieni da me sabato?

> Why don't you come to my place on Saturday?

> Sabato andiamo da Piero.

> On Saturday we're going to Piero's.

> Domani vado dalla nonna.

> Tomorrow I'm going to (my) grandmother's.

> Forse andremo dagli Starnuzzi domani sera.

> We may be going to see the Starnuzzis tomorrow evening.

> Se non fosse così tardi, andremmo da loro anche stasera.

> If it weren't so late, we'd go to their place this evening.

Da qualcuno also means *at* someone's place:

> L'ho incontrato dallo zio.

> I met him at my (or his) uncle's.

> La festa la facciamo da voi?

> Are we having the party at your place?

> No, da noi non c'è posto, la facciamo da Giulio.

> No, there's no room at our place, we're having it at Giulio's.

Note also:

> Da noi si beve molta birra.

> Where we come from they drink a lot of beer.

7 le ossa

One bone would be **un osso**. A number of common words have a masculine singular form ending in - **o** and a feminine plural form ending in - **a**:

un uovo	(egg)	Le uova sono fresche. Ne prendiamo una dozzina.
un lenzuolo	(sheet)	Le lenzuola sono sporche. Bisogna cambiarle.
un braccio	(arm)	Mi hanno ricevuto a braccia aperte.
un dito	(finger)	Il pollo si mangia con le dita.
un paio	(pair)	Anna si è comprata due paia di calze.

Note also **un centinaio** (about a hundred) and **un migliaio** (about a thousand):

In cantina ci sono centinaia di bottiglie di ottimo vino.

A Roma d'estate si vedono in giro migliaia di turisti.

8 questo mi sembra che sia proprio vero

Sia and **siano** (5.6) are frequently used after **sembra che**...

È inglese lui?	Is he English?
No, mi sembra che sia tedesco.	No, I think he's German.
Anna è già partita?	Has Anna left already?
No, mi sembra che sia ancora in casa.	No, I think she's still in the house.
Sono buoni questi libri?	Are these books good?
Non mi sembra che siano molto utili.	I don't think they're very useful.

Mi sembra che has practically the same meaning as **credo che**... and **penso che**...

ORA TOCCA A LEI!

I Pipe dreams.

Put in the appropriate conditional forms of **andare, comprare, costruire, dare, dire, invitare, rimanere, smettere, spendere, stare**:

Se Lei avesse un milione di sterline, che cosa farebbe?	*Farei* un viaggio intorno al mondo.
1 Che bell'idea! E Giulia che cosa farebbe, secondo Lei?	Ah, Giulia .... una villa a Capri. Ci tiene molto ad abitare lì!
2 E Gino?	Lui è un tipo studioso. Lo .... tutto in libri!

3 E Maria? — Lei è molto generosa. Lo ....
    ai suoi amici.

4 E Aldo che cosa farebbe? — Sono sicuro che .... di
    lavorare e .... al suo
    padrone esattamente quello che
    pensa di lui!

5 E Adolfo e Priscilla, che cosa
    farebbero? Andrebbero
    all'estero? — No, ... qui! Non ....
    bene all'estero, specialmente
    Adolfo, perchè non gli piacciono
    gli stranieri.

6 Lei mi ha detto all'inizio che
    farebbe un viaggio intorno al
    mondo. Ma, se non fosse
    possibile fare questo viaggio,
    cosa farebbe? — .... sulla luna!

7 Ma non ce la farebbe ad andare — Allora .... un castello in
    sulla luna anche con un   Spagna, e ci .... i miei
    milione di sterline, sa!   amici!

Perchè non costruirlo qui in — Italia, Spagna, America – che
    Italia?   differenza c'è? Quando non si
    hanno soldi, i castelli si
    costruiscono sempre in aria!

II   Here are eight problems and eight suggestions. Match them.
    1 Perchè non telefonate a Maria?
    2 Perchè Giorgio non compra una macchina?
    3 Il vostro riscaldamento centrale non funziona.
    4 Io non ce la faccio più a lavorare. Sono troppo stanco.
    5 Nessuno va più a trovare il povero Adolfo!
    6 Ho telefonato a Gino ma non vuol venire con noi.
    7 Ai ragazzi non piace stare in questo posto così fuori mano.
    8 È molto tempo che Maria non si vede da queste parti.

    A Ma verrebbe molto volentieri se ci fosse una bella ragazza!
    B La vedremmo molto più spesso se avesse la macchina.
    C Lo farebbe se avesse i soldi.
    D Si divertirebbero di più se ci fosse qualcosa da fare.
    E La chiameremmo se non fosse così tardi.
    F Dovresti andare in vacanza per un paio di settimane.
    G Lo faremmo riparare se fosse possibile trovare un idraulico!
    H Noi ci andremmo volentieri se il posto dove abita non fosse così fuori
        mano.

III
1 Sono molti anni che Don Cantini vive in questa parrocchia?
2 Qual è stato l'effetto dell'industrializzazione sulla parrocchia di Don
   Cantini?
3 Oltre ad occuparsi della chiesa, Don Cantini si occupa anche della
   campagna. Perchè?
4 Se il tempo lo permettesse, cosa potrebbero fare?
5 Qualche proprietario è arrivato a distruggere un uliveto intero per
   metterci la vite. Perchè?
6 Ora l'aspetto della campagna è cambiato parecchio. Che cosa si vedeva
   prima? Che cosa si vede ora?
7 Che cosa pensa Don Cantini di questo processo di modernizzazione della
   campagna?
8 Che cos'è successo nel '56?
9 A Don Cantini sembra vero quello che hanno detto gli antichi, cioè che
   l'ulivo è una pianta sacra. Perchè la pensa così?

IV   Se Lei avesse la possibilità di scegliere...
1 Andrebbe a vivere all'estero, o rimarrebbe in Inghilterra?
2 Vivrebbe in città, in campagna, in montagna o al mare?
3 Sposerebbe un inglese (un'inglese) o un italiano (un'italiana)?
4 Cambierebbe lavoro, o continuerebbe a fare quello che sta facendo
   adesso?
5 Cambierebbe il Suo modo di vivere, o continuerebbe a vivere come vive
   adesso? Perchè?

In England we say 'If pigs had wings...' Italians say 'If my grandfather had
wheels he'd be a cart...':
Se mio nonno avesse le ruote, sarebbe un carretto!

11 VENGO DALLA GAVETTA

Maria Laura	Signora, Le è piaciuto lo spettacolo?
Una signora	Moltissimo. Bravo Rascel, bravi tutti.
Maria Laura	E a Lei, signora, è piaciuto?
Un'altra signora	Moltissimo, ho portato anche gli alunni di scuola, sono in galleria in gran numero perchè ho trovato uno spettacolo intelligente, divertente e pulito. Il che è eccezionale.

Maria Laura	Ti è piaciuto lo spettacolo . . . (*Si*) di Rascel? (*Si*) Che cosa ti è piaciuto in particolare?
Un bambino	Quando gli hanno rubato. . . .
Maria Laura	Che cosa gli hanno rubato?
Un bambino	I vestiti.

Maria Laura	E a te è piaciuto? (*Si*) Come ti chiami?
Paolo Paolo.	
Maria Laura	E ti è piaciuto molto? (*Si*) È la prima volta che ci vieni? (*Si*) Ci verrai ancora? (*Si*)

Maria Laura	È la prima volta, signora, che assiste a uno spettacolo di Rascel?
Una signora	No, ne ho visti diversi. (*Quanti*?) Almeno quattro.
Maria Laura	Quattro. E Le piace Rascel? (*Tanto*) Perchè Le piace Rascel?
Una signora	Perchè è un grande artista, è spontaneo, e poi ci ha l'arte in sè, insomma.

Renato Rascel, songwriter, singer and actor, talks about his career in his dressing room after the show.

Maria Laura	Signor Rascel, ci potrebbe raccontare la storia della Sua vita? La storia della Sua carriera?
Rascel	Io ho cominciato a fare il . . ., il batterista, cioè a suonare la batteria; poi ho fatto il cantante di tanghi argentini, il ballerino di 'tap danse' e poi ho fatto l'operetta; poi ho fatto 50 films. Poi ho fatto la rivista, quindi vengo dalla gavetta, cioè ho cominciato dal primo gradino, veramente, anzi, da sotto il gradino, da sotto il primo gradino. Poi ho fatto tante canzoni. Ecco, io sono romano e la prima cosa che ho fatto, ho scritto una canzone che si chiama 'Arrivederci Roma'. Questa canzone, in verità, io non l'ho scritta per i romani e nè tanto meno per gli italiani, ma l'ho scritta proprio per gli stranieri.
Maria Laura	Che cosa L'ha spinto a scrivere questa canzone? Lei ha detto, per i turisti. (*Si*) Ma c'è in Lei qualche particolare interesse per questa città, per Roma? Perchè Le piace Roma?

Rascel   Sì, intanto c'è una ragione perchè io ho scritto questa canzone. Perchè nel momento in cui la scrivevo, mi trovavo molto lontano da Roma, e allora ecco perchè ho cominciato col dire: 'T'invidio, turista che arrivi a Roma'   (*Ah, ecco*)   e io non ci sto! Questa era la ragione prima; cioè era stato un momento di nostalgia per la mia città. Io amo Roma perchè Roma è una città di tutti. Ogni essere umano che viene a Roma da qualsiasi parte del mondo, diventa romano. Per i romani, questo è l'importante di Roma. Cioè a Roma non ci si meraviglia che uno non parli romano; è romano lo stesso, perchè dopo pochi giorni prende l'abitudine, così come io ho preso le abitudini londinesi — perchè io non uscivo mai di casa a Londra senza la mia bombetta, senza l'ombrello, è vero, anche quando c'era il sole. Era diventato per me una cosa veramente importante. Questo ombrello da tenere in mano, ho capito che era la spada moderna dell'uomo moderno, quella che nel Settecento, invece, impugnavano i signori del Settecento. L'inglese ha bisogno di avere questo ombrello in mano, tant'è vero che se ne serve anche per fermare i taxi. È vero o non è vero questo?   (*Infatti*)   Ecco. Allora, io ho preso molte abitudini a Londra, così come si prendono a Roma. E ho trovato una grandissima affinità tra Londra e Roma. Cioè questo senso dell'ospitalità senza essere ospitali, cioè senza essere servili, cioè di lasciar vivere. Che ognuno faccia il proprio comodo. Se uno vuole uscire mentre nevica o mentre piove, vestito di bianco, tutto vestito di bianco o coi calzoni corti, agli inglesi e ai romani non gliene importa proprio niente. Se gli sta bene a lui, lo faccia!

Maria Laura   Lei di canzoni deve averne scritte a centinaia, immagino?

Rascel   Non so, ne avrò scritte cento, centocinquanta, adesso non ricordo di preciso. Molte hanno fatto un po' il giro del mondo, come 'Arrivederci Roma', 'Romantica', 'La ninna nanna del cavallino', 'Napoli fortuna mia', che è stata . . . è stata fatta anche in giapponese. Ho dei dischi giapponesi di questa canzone, 'Napoli fortuna mia', quindi s'immagini un po', cantata in giapponese. Non ho capito bene le parole io, però, comunque il motivo era quello, ecco.

PAROLE ED ESPRESSIONI

Le è piaciuto lo spettacolo?	did you like the show?
bravo Rascel, bravi tutti	Rascel was good, everyone was good
il che è eccezionale	which is exceptional
quando gli hanno rubato	the little boy means: **quando l'hanno derubato**: when they robbed him.
è la prima volta che assiste a uno spettacolo di Rascel?	is it the first time you've been to one of Rascel's shows?
ne ho visti diversi	I've seen several

ci ha l'arte in sè — he's an artist through and through

vengo dalla gavetta — I've come from nothing, I started right at the bottom

nè tanto meno per gli italiani — nor for the Italians either

intanto c'è una ragione... — yet there is a reason...

ecco perchè ho cominciato col dire... — that's why I began by saying...

e io non ci sto — and I'm not there

ogni essere umano — every human being

non ci si meraviglia che uno non parli romano — nobody's surprised that you don't speak in the Roman way

questo ombrello da tenere in mano — this umbrella to be held in your hand

i signori del Settecento — 18th century gentlemen

tant'è vero che se ne serve... — so much so that he uses it...

servirsi di qualcosa *to use something.*

che ognuno faccia il proprio comodo — let everyone do as he likes

coi calzoni corti — in short trousers

agli inglesi... non gliene importa proprio niente — the English... really couldn't care less.

se gli sta bene a lui, lo faccia! — if it suits him, let him do it!

Lei di canzoni deve averne scritte a centinaia — you must have written *hundreds* of songs

ne avrò scritte cento... — I must have written a hundred...

non ricordo di preciso — I don't remember exactly

La ninna nanna del cavallino — The Lullaby of the Little Horse

s'immagini un po'... — just imagine...

comunque il motivo era quello — anyway that was the tune

VITA E AMBIENTE

Renato Rascel

Gli italiani lo chiamano familiarmente 'il piccoletto' o 'Renatino', forse perchè è un po' bassino ma anche perchè è estremamente popolare tra i bambini che amano molto, tra l'altro, la sua interpretazione comica del personaggio di Napoleone. D'altronde, anche lui ha cominciato a recitare da bambino: è figlio d'arte perchè suo padre e sua madre erano cantanti d'operetta.
Sul palcoscenico Rascel ha rappresentato spesso personaggi pieni di umanità, tra cui quello di un poveraccio che soffre e lavora per amore della famiglia e quello di Padre Brown di Chesterton, per la televisione italiana.
Ma è soprattutto nel teatro di varietà che Rascel è diventato famoso, sia

perchè questo tipo di spettacolo in Italia è molto seguito sia perchè qui Rascel può dar prova delle sue doti di cantante, oltre che di attore comico. Ha scritto infatti la musica e le parole di molte delle canzoni che canta: le più famose sono 'Arrivederci Roma' e 'Romantica', ma, come ha detto lui stesso, ne ha scritte anche tante altre, come 'Ti voglio bene tanto tanto', 'Con un po' di fantasia', 'Venticello di Roma'.

Renato Rascel, il 'piccoletto'

LA LINGUA

---

1 Le è piaciuto lo spettacolo?

È piaciuto is the perfect of **piace**. Here it is masculine as it refers to **lo spettacolo**. There is also the feminine form **è piaciuta**:

A me è piaciuta la canzone.	I liked the song.
Invece, a me è piaciuta la cantante.	I liked the singer!
E lo spettacolo?	And the show?
Per carità! Lo spettacolo non mi è piaciuto per niente!	For heaven's sake! I didn't like the show one little bit!

The plural is **sono piaciuti** (masc.) or **sono piaciute** (fem.):

Ti sono piaciuti i suoi dischi?	Did you like his records?
Per carità! Erano tutte canzoni vecchie!	Heavens no! They were all old songs!
A me sono piaciute le canzoni napoletane.	I liked the Neapolitan songs.

The *perfect* refers to your reactions at a specific time in the past:

Le canzoni che abbiamo sentito ieri mi sono piaciute molto !

The *imperfect* refers to your habitual reactions:

Quando ero a Napoli mi piaceva molto sentire le canzoni napoletane.

2 È la prima volta che ci vieni ?

Notice how Italian uses the present in sentences like:

	prima		ci vengo		first		come here.
È la	seconda	volta che	lo faccio	It's the	second	time I've	done it.
	terza		lo vedo		third		seen it.
	quarta		gli scrivo		fourth		written to him.

Note also:

È la prima volta che ci vado.   It's the first time I've been there.

È l'ultima volta che ci vado.   It's the last time I'll go there.

3 Questa canzone, in verità, io non l'ho scritta per i romani.

Scritta ends in -**a** to agree with **l'**, which stands for **la canzone**.

When a past participle is used with **avere**, the ending -**o** *must* change to -**a**, -**i** or -**e** if **la**, **li** or **le** come before the verb:

Hai visto lo spettacolo ?   Sì, l'ho vist**o**.

Hai speso tutti i soldi ?   No, non li ho spes**i** tutti.

La televisione è ancora accesa ?   No, l'ho spent**a** prima di uscire.

Dove hai messo le valigie ?   Le ho mess**e** nella macchina.

Dove hai lasciato la macchina ?   L'ho lasciat**a** davanti al teatro.

Chi ha fatto gli spaghetti ?   Li ha fatt**i** mia sorella !

Chi ha preso le mie sigarette ?   Le ha pres**e** Adolfo !

4 Ne ho visti diversi.

In other words: **ho visto diversi spettacoli** . When **ne** precedes **avere**, the past participle ending agrees with the word that **ne** refers to, in this case **spettacoli**. Here are some more examples of this type of agreement:

Quanta verdura hai comprato ?   Ne ho comprat**a** molta.

Avete conosciuto molti italiani ?   Sì, ne abbiamo conosciut**i** moltissimi.

Hai preso delle multe?   Sì, ne ho prese molte!
Note also:
Lei di canzoni deve averne scritte   Ne avrò scritte 100, 150.
   a centinaia.

5 nel momento in cui la scrivevo

Scrivevo here means *I was writing*. The imperfect is very commonly used in this meaning:

Questa canzone l'ho scritta quando abitavo fuori Roma.	I wrote this song when I was living away from Rome.
Hai visto i ragazzi mentre aspettavi il treno, vero?	You saw the boys while you were waiting for the train, didn't you?
No. Li ho incontrati mentre andavo alla stazione.	No. I met them while I was going to the station.

6 ho cominciato col dire . . .

Cominciare col fare qualcosa *to begin by doing something*. (**col** is an abbreviation of **con il**).

   Rascel ha cominciato col fare il batterista.

Finire col fare qualcosa *to end up by doing something*:

   All'inizio il rumore mi dava fastidio, ma ho finito col non farci più caso.

   Parlando con la gente si finisce sempre con l'imparare qualcosa di nuovo.

7 che ognuno faccia il proprio comodo

The polite imperative forms (13.1) can also be used with reference to a person other than the one you are speaking to. In this case they are often used with **che**. **Pure** may also be added for emphasis:

Se Gino lo vuol fare, che lo faccia!	If Gino wants to do it, let him do it!
Se Mario vuole andarci, ci vada pure!	If Mario wants to go there, let him go!
Se Enzo ci tiene ad aspettare, che aspetti pure!	If Enzo really wants to wait, he can wait!

8 se gli sta bene a lui, lo faccia

This is another example of the emphatic form **a lui** being used together with the unemphatic **gli**. In Lesson 13, the Marchesa Ginori said:

   a lui gli fa molto comodo   for him it's very convenient

This kind of repetition, though frowned upon by purists, is frequent in the spoken language and you will often hear, for example:

A me non mi è piaciuto lo spettacolo. A te ti è piaciuto?

A noi ci conviene prendere l'autobus.

Mi, ti, ci, gli, etc. can be omitted without any change of meaning.

ORA TOCCA A LEI!

I You are one of those unfortunate people who just cannot get used to Italian food.

Vuoi provare il pesce?	*L'ho provato.* Non *mi è piaciuto.*
Ma queste acciughe sono deliziose!	Acciughe? *Le ho provate* quando ero al mare. Non *mi sono piaciute* affatto!

1 Perchè non provi la mozzarella? L' .... e non ....

2 Allora, vuoi prendere i bucatini all'amatriciana?
.... quando ero a Roma.
Non ....

3 Qui ci sono anche delle lasagne. Sono buone!
Lasagne? .... già ....
Non .... per niente!

4 Hai mai provato la vera pizza napoletana?
Sì, ... quando ero a Napoli.

5 Ti è piaciuta?
No. A dir la verità, non..............
affatto!

Allora, che cosa vuoi mangiare? Prendo un panino e due pomodori.

6 Va bene! Vogliamo bere qualcosa? Un litro di vino locale?
Vino locale? No, per carità!
.... già ....
e non .... per niente!

7 Allora, prendiamo una birra. Qui la birra è ottima, sai!
.... già ....!

8 E non ti è piaciuta!
Al contrario .... moltissimo!

II Answer with **l', li, le, ne** as appropriate.

Quanti film ha fatto Rascel?	*Ne* ha fatt*i* cinquanta.
Per chi ha scritto 'Arrivederci Roma'?	*L'*ha scritt*a* per gli stranieri.

1 Quante canzoni ha scritto? .... tante.

2 Quante abitudini inglesi ha preso a Londra?
.... molte.

3 Quanti spettacoli di Rascel ha .... almeno quattro.
visto la signora?

4 Rascel ha capito le parole della No, ... bene.
sua canzone in giapponese?

5 A chi ha raccontato la storia .... a Maria Laura.
della sua carriera?

6 Quando ha scritto 'Arrivederci ....quando si trovava
Roma'? molto lontano dalla sua città.

7 Chi ha accompagnato gli .... la loro insegnante.
alunni?

8 Come hanno trovato lo ....intelligente, divertente
spettacolo? e pulito.

III   Dopo lo spettacolo.

Enzo and his sister Claudia are just coming out of the theatre when they
bump into Ugo. Ugo's first remark is given, but after that the
conversation has been jumbled. Put what they say in the right order.

Ugo: Vi è piaciuto lo spettacolo?

1 Enzo: La prima volta non tanto, perchè erano difficili da capire. Però, poi
abbiamo finito con l'apprezzarli moltissimo.

2 Ugo: Dove li avete visti?

3 Enzo: C'erano tante cose che non siamo riusciti a capire.

4 Ugo: Allora, spero che la prossima volta vi piacerà anche quello che avete
visto stasera!

5 Enzo: Non molto, a dire la verità.

6 Ugo: Li avete apprezzati fin dalla prima volta?

7 Enzo: Sì, ma abbiamo visto altri spettàcoli di questo tipo che ci sono
piaciuti molto.

8 Ugo: Come mai?

9 Enzo: Io ne ho visti parecchi quando abitavo a Roma, e mia sorella ne ha
visti due o tre quando studiava a Firenze.

10 Ugo: È la prima volta che ci venite?

18 SUL PALCOSCENICO A FIRENZE

Wanda Pasquini talks about her life on the stage

Gianni   La signora Wanda Pasquini, attrice famosa in Italia, molto conosciuta. Signora, è figlia d'arte? I Suoi genitori erano attori? Lei è nata sul palcoscenico?

Wanda Pasquini   No, assolutamente no. Anzi, i miei genitori non sanno niente del teatro, non hanno mai fatto teatro. Erano artigiani. Mio padre lavorava, mia madre ugualmente. Io ho iniziato a recitare a scuola, alle scuole elementari.

Gianni   Quando ha deciso di fare l'attrice, come professione?

Wanda Pasquini   Beh, senta . . . non è che sia stata una decisione presa, è venuta un po' da sè. Non è che io abbia deciso di fare l'attrice per professione, ma siccome ho fatto molti concorsi e li ho vinti tutti, direi . . . ho fatto quattro concorsi e li ho vinti tutti e quattro . . . e allora poi sono passata, diciamo, nel ruolo dei professionisti anche perchè sono stata alla radio. Mi hanno ingaggiato alla radio dove sono stata trent'anni, vero . . ., sono venuta ora insomma in pensione e . . .

Gianni   Ma gli inizi difficili? I famosi inizi difficili? La fame?

Wanda Pasquini   Io direi . . . no, no, no (*niente*), senta, proprio fame non ne ho mai sofferta ! . . . Anche perchè non sono stata fuori di Firenze, cioè sono stata fuori per questi concorsi, ma poi ho lavorato sempre qui sulla piazza, in quanto che avevo famiglia. Ho avuto molte offerte per andare in teatro regolare e per ragioni, insomma, familiari — siccome sono rimasta presto orfana di padre, avevo un fratello più piccolo, e la mamma che era malata — insomma non mi sono potuta sganciare dalla famiglia per cui ho deciso di rimanere a Firenze. A Firenze ho fatto prima l'attività della radio. Marginalmente allora facevo il teatro in italiano con alcuni attori che venivano da Roma e che si fermavano qui a Firenze. Poi, dopo la guerra, è successo che ognuno è andato per la sua strada e allora con Raffaello Niccoli — che è stato uno degli esponenti del teatro fiorentino — ho fatto il teatro fiorentino. E da allora sono venticinque anni circa che sto facendo il teatro fiorentino.

Gianni   Cos'è il teatro fiorentino? È teatro in dialetto fiorentino, no?

Wanda Pasquini   Sì. È teatro in vernacolo fiorentino. Cioè una maniera un po' . . ., come potrei dire . . . incompleta di parlare l'italiano, per quanto è sempre italiano . . . un italiano storpiato, potrei dire, no? E è un teatro . . .

Gianni   Questo . . ., questo teatro ha molto pubblico?

Wanda Pasquini   Ha un vastissimo pubblico e non solo un pubblico popolare, ma un pubblico, direi, borghese e anche aristocratico.

Gianni   Come spiega questo fatto?

Wanda Pasquini   Ma, io lo spiego perchè è un teatro che non impegna, nel senso che sono vicende familiari, casalinghe, portate quasi sempre sulla linea comica, per cui le persone che vengono qui sanno di venire a passare due ore ridanciane, insomma, e di . . .

Gianni   C'è bisogno di questo teatro in Italia?

Wanda Pasquini   Ma, senta, noi abbiamo veramente . . . e quello che è più importante abbiamo i giovani che ci seguono, con . . . proprio in grande quantità, ecco. Vengono a frotte di dieci, quindici alla volta, poi se ne parlano fra di loro, quelli che non ci sono mai venuti dicono: 'Vogliamo venire anche noi', vengono, ritornano, invitano altri amici. Effettivamente noi abbiamo un teatro che insomma è sempre pieno, direi.

Gianni   Insomma, un grande pubblico per un teatro di divertimento?

Wanda Pasquini   Sì, un grande pubblico . . ., un teatro di divertimento, un teatro che non offre problemi nè psicologici, nè (*nè politici*) nè politici (*sociali*) niente, niente, insomma così, delle cose dignitose, divertenti, semplici e forse sarà per questo che piace tanto.

Gianni   Mi dica una cosa: è vero che gli attori sono superstiziosi?

Wanda Pasquini   Sì, è vero, ma (*Lei è superstiziosa?*) io purtroppo non lo sono (*No? Ma, è un'eccezione!*) e . . . sul serio. Ma forse sono un'eccezione . . . io non, non riesco ad essere superstiziosa, o cioè se anche qualcosa mi dà fastidio, io cerco di reagire e quindi non riesco mai a essere veramente superstiziosa. Qui ci sono molte cose, Lei sa, girare la seggiola sul palcoscenico, fare il tamburo, vestirsi di viola . . .

Gianni   Cosa . . ., cosa vuol dire 'fare il tamburo'?

Wanda Pasquini   Battere con le dita su qualche posto . . .

Gianni   Questo porta sfortuna?

Wanda Pasquini   Eh, dice che porta sfortuna . . . almeno qui ho delle colleghe che dicono così . . . io non riesco a essere . . .

Gianni   Vestire di viola . . .

Wanda Pasquini   Vestire di viola non si dovrebbe, spazzare sul palcoscenico non
si dovrebbe, ballare sul palcoscenico non si dovrebbe, insomma, tante cose
che poi io me ne dimentico.
Gianni   Mi deve raccontare una Sua papera.
Wanda Pasquini   Sì, ne ho dette due o tre, direi, abbastanza importanti. Lei sa che
c'è un proverbio che dice: 'Il lupo perde il pelo, ma non il vizio'. E io ho detto:
'Il lupo perde il vizio...' E a questo punto sono rimasta un po' interdetta e
allora ho aggiunto: 'Beh, e... qualche volta perde anche il pelo!'

PAROLE ED ESPRESSIONI

è figlia d'arte?	were you born into the theatre?
non è che sia stata una decisione presa	it wasn't really a decision I made
è venuta un po' da sè	it just happened
non è che io abbia deciso...	I didn't really decide...
sono passata, diciamo, nel ruolo dei professionisti	I became, let's say, a professional
sono venuta ora insomma in pensione	in fact I've just retired
proprio fame non ne ho mai sofferta	I've never actually starved
ho lavorato sempre qui sulla piazza	I've always worked in my home town
in quanto che avevo famiglia...	because I had my family...
sono rimasta presto orfana di padre	I lost my father early
non mi sono potuta sganciare dalla famiglia	I couldn't get away from the family
ognuno è andato per la sua strada	each one went his own way
sono 25 anni circa che sto facendo il teatro fiorentino	I've been working in the Florentine theatre for about 25 years now
per quanto è sempre italiano	although it's still Italian
è un teatro che non impegna	it's a theatre which doesn't have a message
portate quasi sempre sulla linea comica	treated almost always in a humorous way
sanno di venire a passare due ore ridanciane	they know they're coming to have a good laugh for a couple of hours
vengono a frotte...	they come in crowds...
se ne parlano fra di loro	they talk about it among themselves
fare il tamburo	drum with your fingers
dice che porta sfortuna	they say that it brings bad luck (**dice** instead of **si dice**)

tante cose che poi io me ne dimentico	so many things that I forget now
il lupo perde il pelo, ma non il vizio	a leopard can't change its spots
sono rimasta un po' interdetta . . .	I was left speechless . . .

VITA E AMBIENTE

Il teatro popolare

Il teatro popolare italiano ha origini molto antiche, perchè risale al tempo dei Romani che, nel loro teatro, rappresentavano la vita di ogni giorno, con tutti i vizi e i difetti della gente. Questo tipo di teatro è stato ripreso nel '700 dalla 'commedia dell'arte' e poi da Carlo Goldoni, il famoso scrittore di teatro del '700 che scriveva spesso le sue commedie in dialetto veneto.

Tutte le maggiori città d'Italia hanno un'antica tradizione di teatro popolare e dialettale: oltre a quello in vernacolo fiorentino, c'è il teatro dialettale napoletano, genovese, siciliano ecc. In fondo, l'esistenza di questo tipo di spettacolo in Italia prova che il teatro è per il popolo ed è il popolo che deve capirlo. Il personaggio più caratteristico di Wanda Pasquini è quello di donna Alvara, una donna del popolo che si dà arie di grande intellettuale ma non lo è affatto!

Sul palcoscenico di un teatro dialettale

La papera

È il grande problema degli attori! Un piccolo sbaglio, una parola invece di un'altra bastano per rendere comica la scena più triste e patetica o addirittura per causare il fiasco completo di un'opera teatrale. Una papera famosa è quella del tenore Enrico Caruso. Quand'era ancora molto giovane, Caruso era andato a cantare al teatro dell'opera di Trapani in Sicilia: ma prima dello spettacolo aveva bevuto un po' troppo vino (e il vino siciliano è molto forte!). Al momento di entrare in palcoscenico, Caruso non aveva le idee molto chiare: è riuscito a cantare perfettamente la musica ma le parole non riusciva a ricordarle bene. E così '. . . le sorti della Scozia' (*the destiny of Scotland*) sono diventate sulla bocca di Caruso '. . . le volpi della Scozia' (*the foxes of Scotland*)! Le risate del pubblico hanno costretto Caruso a lasciare il teatro. Il tenore pensava addirittura che la sua carriera fosse finita lì, in bocca alle volpi scozzesi! Ma i trapanesi hanno capito che era meglio un'innocente papera in più che un tenore come Caruso in meno e l'hanno fatto ritornare proprio mentre stava partendo per Napoli. Quindici anni dopo Caruso, ormai famoso, è ritornato a cantare a Trapani: è stato un successo anche se, all'inizio dello spettacolo, è stato ricevuto con un: 'Dove sono le volpi della Scozia?!' Ancora quella famosa papera: i trapanesi non se n'erano dimenticati!!

LA LINGUA

1 Non è che io abbia sofferto la fame.

This is a very emphatic way of saying **Io non ho sofferto la fame**. After **non è che**. . . (it's *not* that . . ., one can't really say that . . . you mustn't think that . . .), **ho**, **hai** and **ha** are *all* replaced by **abbia**:

Non è che tu abbia sofferto la fame.	You can't say you have ever starved.
Non è che Giorgio mi abbia aiutato molto.	Giorgio didn't really help me very much.

The present singular forms of **essere** (**sono**, **sei**, **è**) are *all* replaced by **sia**:

Non è che sia stata una decisione.	It wasn't really a decision.
Non è che io sia superstizioso.	It's not that I'm superstitious.
Non è che tu sia stato proprio sfortunato.	One can't really say that you were unlucky.

Abbia and **sia** are the singular (**io**, **tu**, **lui**) forms of the *present subjunctive* of **avere** and **essere**.

All verbs have present subjunctive forms. In the singular these are identical with the polite imperative: **parli**, **aspetti**, **prenda**, **venga**, **faccia**, **vada**, etc. (see 13.1 and 17.7). As with **abbia** and **sia**, the same form is used for all the singular: **io parli**, **tu parli**, **Lei parli**, **lui parli**. Because of this, the pronouns

io and **tu** are usually put in, where appropriate, to make the meaning clear. The present subjunctive is commonly used after **non è che**. . ., **sembra che** . . ., **pensare che**. . . and **credere che** . . . :

		parli molto bene francese
Non è che	io	abiti qui da molto tempo
Pensano che	tu	conosca molta gente qui
Non credono che	Gino	faccia un lavoro importante
Sembra che	Anna	ci vada tutti i giorni

Some more present subjunctive forms are **possa (potere)**, **voglia (volere)**, **debba (dovere)**, **piaccia (piacere)** and **sappia (sapere)**:

Giorgio non crede che io sappia guidare.

Non è che tu debba prendere sul serio tutto quello che dice.

Non penso che questo tipo di teatro piaccia a tutti e non mi sembra che possa piacere.

The **loro** form of the present subjunctive is obtained by adding **-no** to the singular form:

Non credo che parlino inglese.	I don't think they speak English.
Non sembra che abbiano avuto molto successo.	It doesn't look as if they've had much success.
Non è che vengano solo a divertirsi.	You mustn't think they come here just to be amused.
A lui sembra che ci vadano stasera.	*He* thinks they are going there this evening.

The subjunctive may also be used after **(non) direi che** . . . and **ritenere che**.

Non direi che Vincenzo abbia avuto molta fortuna.

Io ritengo che si siano comportati malissimo.

2 Sono passata nel ruolo dei professionisti.

Passare makes it perfect with **essere** when it has the idea of *going*:

Andando giù verso Roma, siamo passati per Bologna e Firenze.

It makes its perfect with **avere** when it means *to spend* (time):

Gli ultimi cinque anni li ho passati all'estero.

3 sono rimasta un po' interdetta

Rimanere often means *to be left* or *to be*:

Giulia è rimasta molto male quando le hanno parlato in quel modo.	Giulia was (left feeling) very embarrassed when they spoke to her like that.
Abbiamo speso tutti i soldi che ci avete dato. Siamo rimasti al verde!	We've spent all the money you gave us. We're broke!

4 Sanno di venire a passare due ore ridanciane.

Sapere is used with **di**, like **credere** and **pensare** (8.4):

So di non essere un grande attore però so di piacere al pubblico.	I know I'm not a great actor, but I know the public likes me.

So also is **dire**:

Lui dice di sapere l'inglese, ma non lo sa affatto.	He says he knows English, but he doesn't know it at all.

5 se ne parlano fra di loro

Si changes to **se** when it is followed by **ne**:

Quanti uomini si vedono in giro col borsetto?	How many men do you see around carrying handbags?
Se ne vedono tanti!	You see a lot of them!

Similarly, **mi**, **ti**, **ci** and **vi** change to **me**, **te**, **ce** and **ve**:

Gli ho chiesto una sigaretta e me ne ha date due.	I asked him for a cigarette and he gave me two (of them).
Vogliono andarci domani. Te ne hanno già parlato?	They are planning to go there tomorrow. Have they spoken to you about it?
Vi siete comprati dei dischi? Quanti ve ne siete comprati?	You've bought some records? How many have you bought?
Ce ne siamo comprati parecchi.	We've bought several (see 14.5).

Both **gli** and **le** change to **glie**, which is normally written as one word with **ne** : **gliene**

Hai parlato di questo con lei?	Have you spoken about this with her?
Sì, gliene ho parlato ieri.	Yes, I spoke to her about it yesterday.
Quante lettere gli hai scritto?	How many letters have you written to him (them)?
Gliene ho scritte almeno quattro.	I've written him (them) at least four.

6 Io purtroppo non lo sono.

Wanda Pasquini means **Io**, **purtroppo**, **non sono superstiziosa**.

Lo is used with **essere** to refer back to any adjective, noun or phrase.
It does not change, even though what it refers to may be feminine or plural:

Di solito gli attori sono superstiziosi, ma lei non lo è.

Si dice che le donne sono vanitose, ma anche gli uomini lo sono.

La minigonna è molto pratica. La maxi, invece, non lo è.

Sembra una canzone italiana, ma non lo è.

7 me ne dimentico.

To forget something can be **dimenticare qualcosa**, **dimenticarsi qualcosa**
(10.4) or **dimenticarsi *di* qualcosa**. Similarly, *to remember something* can also
be **ricordarsi *di* qualcosa**:

Stefano si ricorda di quello che ha detto l'altra sera?

No, non se ne ricorda più. Se n'è completamente dimenticato!

ORA TOCCA A LEI!

I   Answer these questions using **lo, la, li, le, ci, ne** and **se ne**, as appropriate:

I genitori di Wanda Pasquini
    erano attori?   No, non *lo* erano.

Ha mai sofferto la fame?   No, la fame non *l'ha* mai *sofferta*.

1 I suoi genitori hanno mai fatto   No, non .... mai............
    teatro?

2 Quando ha preso la decisione
    di fare l'attrice?   Secondo lei, non...... mai ....
                                        È venuta un po' da sè.

3 Quanti concorsi ha fatto?   ....quattro.

4 Quanti ne ha vinti?   ....tutti!

5 Quante offerte ha avuto per   ....molte.
    andare in teatro regolare?

6 Da quanti anni sta facendo il   .... da circa 25 anni
    teatro fiorentino?

7 Molti giovani vanno a questo   .... per divertirsi.
    teatro. Perchè?

8 Gli attori di solito sono   Sì, generalmente .... sono.
    superstiziosi, vero?

9 E Wanda Pasquini, è   No, Lei .... è.
    superstiziosa anche Lei?

10 Perchè no?   Perchè .... riesce.

11 Wanda Pasquini si ricorda di
   tutto quello che non si
   dovrebbe fare sul
   palcoscenico ?   No, ... dimentica.
12 Quante papere ha detto ?   Di papere importanti, ...
                                      due o tre.
13 Si ricorda di queste papere ?   Sì, ... ricorda ancora.
   Ma ci sono tredici frasi qui !
   Non porta sfortuna ?   Ma no ! In Italia è il
                                      diciassette che porta sfortuna !

II   L'invidia.
      Gino is brilliant, successful and popular. Frankly, it's a little difficult for
      you to bear !
      Ho sentito dire che Gino ha   Beh, non è che *abbia* avuto molto
         avuto molto successo con il   successo. È stato piuttosto
         suo ultimo libro.   fortunato.
      Ma tutti dicono che è un genio !   Io non credo che *sia* proprio un
                                            genio. È abbastanza intelligente,
                                            ecco.
   1 Ma scrive benissimo, non ti   Non mi sembra che . . . .
      pare ?   tanto bene. Secondo me, ha una
                                            certa facilità.
   2 Ho sentito che viene da una   Non credo che . . . . da una
      famiglia nobile.   famiglia nobile. Io ho sentito,
                                            invece, che viene dalla gavetta !
   3 Ma conosce delle persone   Non mi sembra che . . . .
      molto importanti.   tanta gente. Dà solo l'impressione,
                                            perchè è sempre in giro.
   4 Ha un sacco di amici !   Non è che . . . . tanti amici.
                                            Gli piace avere gente intorno, ecco.
   5 Però è un tipo interessante. Sa   Io non direi che . . . . tante
      molte cose.   cose. Gli piace parlare molto.
                                            Tutto lì.
   6 Parla otto lingue, no ?   Sì, ma non è che le . . . .
                                            molto bene. Sa dire 'Ti amo', e
                                            basta !
   7 Si dice che piace molto alle   Non credo che . . . . tanto
      donne !   alle donne. Ma ha una macchina
                                            stupenda !
   8 Però, devi ammettere che è un   Io non direi che . . . . bello.
      bell'uomo.   Però, ci tiene molto a vestire bene.
   9 Mi hanno detto che Giulia gli   Io non penso che Giulia gli . . . .
      vuole molto bene.   proprio bene. Però, le piace molto
                                            la macchina !

10 Ma non è vero che lei va a
    trovarlo tutte le sere?

   Ma come mai tu sai tutte queste
   cose?

Non è che .... a trovarlo
   molto spesso, sai! È lui che le
   telefona tre volte al giorno!

Gino è il mio migliore amico! Lo
   conosco da anni!

III   Each phrase on the right (a–j) is a sensible response to *one* of the phrases
      on the left. See if you can match them:

1 Avete del pane?
2 Quanti biglietti ti ha dato?
3 Non avete più soldi, vero?
4 Enzo va a vedere Wanda
   Pasquini.
5 Sembra una canzone italiana.
6 Avete delle olive?
7 Adolfo vuol vedervi stasera.
8 Claudio è medico, vero?
9 Quanti biglietti hai dato a Gina?
10 Anna va a vedere lo spettacolo
    di Rascel.

a) Se ci tiene, che venga!
b) Come? Non l'ha ancora visto?
c) Dice di esserlo, ma non lo è.
d) Sì, ce ne siamo comprate un
   sacco!
e) Gliene ho dati tre.
f) Me ne ha dati due.
g) Lo so, ma non lo è.
h) Sì, siamo rimasti al verde!
i) Ma l'ha già vista tre volte!
j) Sì, ce ne siamo comprato un
   sacco!

IV
1 Lei va spesso a teatro?   Quante volte all'anno?
   Sì, ci vado spesso.   Due o tre volte al mese.
   Ci vado molto raramente. Una volta all'anno. (. . .)
2 Che tipo di teatro preferisce?
   Impegnato, leggero, comico, tragico . . .
3 Le sembra che il teatro abbia un ruolo importante nella vita moderna?

credo		
penso	che il teatro	abbia molta importanza
(Non)		perchè . . .
direi		sia molto importante
mi sembra		

  . . . è più vivo. C'è più possibilità di comunicare.

  . . . tutti preferiscono il cinema o stanno a casa a guardare la televisione.

4 Uno spettacolo, lo preferisce vederlo al teatro, al cinema, alla televisione — o sentirlo alla radio? Perchè?

al teatro	— È più vivo.
al cinema	— È più completo come spettacolo.
alla televisione	— È più comodo, non si deve uscire di casa.
alla radio	— È più intimo.

In Italy it's bad luck to wish a person good luck! So when someone has an exam or a driving test, for example, you say to him:

In bocca al lupo!

Pietro Annigoni

L'ARTE DEL RITRATTO

Annigoni in his studio in Florence

Gianni   In uno studio stupendo, complesso, antico, pieno di riferimenti culturali, di quadri, di disegni, di abbozzi, di schizzi, con delle vetrate che si aprono sui tetti rossi di Firenze, parliamo con il Maestro Annigoni. Maestro, molti artisti hanno un luogo ideale per lavorare, il posto nel quale lavorano meglio, scrittori, pittori . . . Anche per Lei, qual è il posto nel quale lavora meglio?

Annigoni   Posso dire che il posto nel quale lavoro meglio è il mio studio qui a Firenze, naturalmente questo. Però ho sempre pensato che il proprio studio ideale bisogna portarselo dentro di noi dovunque si vada. Anche perchè magari mi son trovato a dover lavorare in molte parti di questo mondo. Ho dovuto appunto adattarmi e soprattutto ritrovare in me quell'incentivo e quell'atmosfera, quell'ambiente anche, che, come ripeto, me la portavo dietro. Faceva parte di me stesso e questo mi ha aiutato a lavorare anche in ambienti che magari non erano proprio i più confacenti al mio . . ., non so, modo di vivere, secondo il mio modo di vivere voglio dire di italiano e di fiorentino, adottato se non altro.

Gianni   È vissuto molto in Inghilterra?

Annigoni   Abbastanza a lungo, direi, perchè la mia prima visita in Inghilterra fu nel 1949. Da allora posso dire che quasi ogni anno vi ho trascorso qualche mese.

Gianni   In Inghilterra ha lavorato bene? Si sentiva in qualche modo legato a questo paese, al suo paesaggio, alla sua gente?

Annigoni   Beh, a me piace molto l'Inghilterra. Piace nonostante il suo clima un po' bizzarro, che d'altra parte rende il paesaggio così ricco di . . ., di luci, di, di effetti, talvolta drammatici, talvolta pastorali, e quindi ho trovato che l'Inghilterra è un . . ., è un paese nel quale ho potuto lavorare con soddisfazione veramente, e con una continua ispirazione, anche da parte proprio del paesaggio, parlo. D'altra parte l'Inghilterra non per nulla è la patria di un Constable, di un Turner, di questi grandissimi paesaggisti.

Gianni   Lei è uno dei pochi artisti che faccia ritratti ad altissimo livello. Cosa prova quando si pone davanti al soggetto? Tenta soprattutto di interpretarlo — cioè, di dare una Sua idea della persona — oppure di renderla qual è, obiettivamente? Qual è il problema più . . ., più difficile da superare nel fare il ritratto di una persona?

Annigoni   Beh, il problema esiste sempre tutte le volte che si incomincia a lavorare. Incomincia con dei problemi, direi, elementari — intanto, di afferrare la costruzione, le proporzioni giuste di un volto, faccio per dire, che sono sempre, per quanto problemi elementari, problemi essenziali. Poi c'è il problema, per esempio, del soggetto stesso da trattare. Ci possono essere dei modelli ottimi che stanno ben fermi in posa, che possono posare a lungo e che quindi aiutano il pittore. Ce ne sono di quelli inquieti che posano male, che sono ansiosi di andarsene e che naturalmente comunicano all'artista un certo nervosismo e un, un aumento di preoccupazioni su quello che può essere il risultato.

Gianni   Ricorda qualche episodio divertente a questo proposito? Qualche soggetto assolutamente ribelle o . . .

Annigoni   Non sono divertenti, effettivamente. Ci sono . . ., magari, attraverso il tempo possono anche diventare divertenti, ma, se ricordo alcuni episodi, li . . . li ricordo anche con quel patema d'animo che mi procuravano al momento. Devo dire, per esempio, che anche alcuni dei . . ., dei personaggi che mi hanno interessato di più come soggetti, sono stati al tempo stesso dei pessimi modelli. Parlo dal punto di vista del pittore. Non so . . . per esempio, lo stesso Papa Giovanni era un sant'uomo, era un uomo interessantissimo anche sotto tanti aspetti nella . . ., nella conversazione, però, poveretto, anche per ragioni di salute, quando io ebbi occasione di fargli il ritratto, era un pessimo modello. Perchè, poveretto, non stava fermo, era inquieto, era come se io fossi lì soltanto a fare una conversazione, non a ritrarlo.

PAROLE ED ESPRESSIONI

il Maestro Annigoni	**Maestro** is a title given to artists and musicians
bisogna portarselo dentro di noi	we must carry it inside ourselves
dovunque si vada	wherever we go
mi son trovato a dover lavorare . . .	I've found myself having to work . . .
me la portavo dietro	I carried it with me
fiorentino, adottato se non altro.	a Florentine by adoption, at least
è vissuto molto in Inghilterra?	did you live a long time in England? (**vivere** can make its perfect with **essere** or **avere**).
abbastanza a lungo	quite a long time
la mia prima visita fu nel 1949 (fu = è stata)	my first visit was in 1949 (see page 207)
vi ho trascorso qualche mese	I've spent a few months there **Vi** is here used for **ci**
d'altra parte	besides, on the other hand
ho potuto lavorare	I've been able to work, I was able to work
anche da parte proprio del paesaggio, parlo	I'm speaking for the countryside as well
l'Inghilterra non per nulla è . . .	it's no accident that England is . . .

uno dei pochi artisti che faccia ritratti . . .	one of the few artists who paint portraits . . .
cosa prova quando si pone davanti al soggetto?	what do you feel when you are faced with your subject?
di renderla qual è	to render him as he is
intanto, di afferrare la costruzione . . .	first of all, to understand the structure . . .
faccio per dire	so to speak
per quanto problemi elementari	although elementary problems
che stanno ben fermi in posa	who keep very still when they are posing
su quello che può essere il risultato	about what might be the result
a questo proposito	on this subject
li ricordo anche con quel patema d'animo che mi procuravano al momento	I remember them with the same feeling of chagrin that they caused me at the time
lo stesso Papa Giovanni	Pope John himself (**stesso** is emphatic).
quando io ebbi occasione di fargli il ritratto (ebbi = ho avuto).	when I had occasion to paint his portrait (see page 207).
era come se io fossi lì	it was as if I were there
non a ritrarlo	not to do his portrait

VITA E AMBIENTE

Pietro Annigoni — e Papa Giovanni

Pietro Annigoni è il più grande ritrattista italiano vivente. È milanese di nascita ma fiorentinissimo di cuore. È diventato famoso specialmente in Inghilterra, dove era andato nel 1949 e dove ha fatto il ritratto a molti personaggi dell'alta società. Il suo ritratto più importante è quello della regina Elisabetta, fatto nel 1954. Non è stato certo un compito facile, questo: Annigoni si è trovato infatti a dover fare un ritratto che doveva piacere a tutta una nazione e non soltanto a una persona.

Comunque, se fare un ritratto è difficile, posare come modello non è certo facile. Giovanni XXIII, ad esempio, era 'un sant'uomo, un uomo interessantissimo . . . però . . . un pessimo modello' perchè aveva un volto molto mobile e non riusciva a star seduto a lungo nella stessa posizione. Anche lo scultore Giacomo Manzù ha fatto la stessa esperienza, quando è stato chiamato al Vaticano per fare una statua in bronzo del Papa. Ma se Papa Giovanni trovava difficile posare, era un piacere per lui conversare, proprio per la grande cordialità del suo carattere. E le discussioni fatte con il

'Un sant'uomo... ma un pessimo modello'. Il bassorilievo di Papa Giovanni sulla porta di San Pietro.

Papa hanno aiutato Manzù a finire la 'porta di bronzo' di San Pietro in Vaticano, un'opera a cui lavorava da diciassette anni. Ma, fino a quel momento, gli era mancata l'ispirazione per finirla. Quando Manzù stava per completare la porta, Papa Giovanni è morto. E Manzù ha allora cambiato il progetto della porta e ha inserito tra i suoi bassorilievi un ritratto di Papa Giovanni che prega. È uno dei più bei ritratti in bronzo di Papa Giovanni, perchè è stato fatto proprio col cuore.

LA LINGUA

1 Mi son trovato a dover lavorare in molte parti di questo mondo
A and the infinitive often corresponds to the -ing form in English:

Ho passato due ore a scrivere a macchina.	I spent two hours typing.
Siamo rimasti lì a chiacchierare fino a dopo mezzanotte.	We stayed there chatting until after midnight.
Gino si diverte molto a prendere in giro gli altri.	Gino loves pulling people's legs (**prendere in giro** to tease).

2 me la portavo dietro.
Mi, ti, si, ci and **vi** change to **me, te, se, ce** and **ve** before **lo, la, li** and **le**. Here are some examples with **mettersi** to put on, and **togliersi** to take off:

I'm putting on my hat, etc.

mi metto	
	il cappello
ti metti	
	la giacca
si mette	
ci mettiamo	
	i pantaloni
vi mettete	
	le scarpe
si mettono	

I'm putting it on, etc.

me		metto
	lo	
te		metti
	la	
se		mette
ce		mettiamo
	li	
ve		mettete
	le	
se		mettono

Togliti la giacca!	Take off your jacket!
Non me la tolgo. Fa freddo.	I'm not taking it off. It's cold.
Toglietevi le scarpe!	Take off your shoes!
Va bene! Ce le togliamo.	All right! We'll take them off.
Gli altri non se le tolgono, però.	The others aren't taking them off, though.

Gli and **le** change to **glie**, which is generally written as one word with **lo, la, li** and **le**: **glielo, gliela, glieli, gliele**

Da' le caramelle a Pina! Perchè non gliele dai?	Why don't you give them to her?
Da' la macchina ai ragazzi! Perchè non gliela dai?	Why don't you give it to them?
Mi dica cos'è successo.	Tell me what happened.
Ma Gliel'ho già detto!	But I've already told you (it)!
Hai dato il libro a Gino?	Have you given the book to Gino?
No, glielo darò dopo.	No, I'll give it to him later.

| E i biglietti? | And the tickets? |
| Glieli ho lasciati in camera. | I've left them in his room. |

3 ci possono essere dei modelli ottimi.

Note how **potere** and **dovere** are used in the expressions **ci può essere** *there can be, there may be,* **ci potrebbe essere** *there could be,* **ci dev'essere** *there must be* and **ci dovrebbe essere** *there should be*:

Ci	può	essere	qualche vantaggio	. . . some advantage(s)
	potrebbe		un motivo	. . . a reason
	deve		uno sbaglio qui	. . . a mistake here
	dovrebbe		qualcosa che non va	. . . something wrong

The plural forms are

Ci	possono	essere	degli sbagli	. . . some mistakes
	potrebbero		molti svantaggi	. . . many disadvantages
	devono		delle sorprese	. . . some surprises
	dovrebbero		dei difetti	. . . some defects

4 ansiosi di andarsene.

Andarsene is like any other reflexive verb except that instead of **mi, ti, si** . . . it has **me ne, te ne, se ne**, etc:

Flavia:	Te ne vai adesso?	Are you leaving now?
Giulia:	Sì, me ne vado.	Yes, I'm leaving.
Flavia:	E Gino? Se ne va anche lui?	And Gino? Is he leaving too?
Giulia:	Sì, ce ne andiamo insieme.	Yes. We're leaving together.
Flavia:	Ve ne andate insieme?!!	You're leaving together?!!
Gino:	Sì.	Yes.
	(Se ne vanno)	(They leave)

174

5 era come se io fossi lì soltanto a fare una conversazione.

Se io fossi *if I were*. This is an example of the past subjunctive of **essere**. Other forms are:

(lui, lei) fosse   (noi) fossimo   (loro) fossero

Se fossi libero, ti aiuterei.	If I were free, I would help you.
Se Flavia non fosse così gelosa, sarebbe più simpatica.	If Flavia weren't so jealous, she would be a nicer person.
Se non fossimo al verde, non ti chiederemmo di aiutarci.	If we weren't broke, we wouldn't ask you to help us.
Se non fossero così impegnati stasera, ci darebbero una mano.	If they weren't so busy this evening they would give us a hand.

Essere is very irregular. The past subjunctive of other verbs is formed from the imperfect by changing - **vo** to - **ssi**:

se (io) avessi	if I had	se (io) parlassi	if I spoke
se (io) sapessi	if I knew	se (io) facessi	if I did (made)
se (io) mi sentissi	if I felt	se (io) dicessi	if I said

Se avessi il tempo, lo farei.	If I had the time I'd do it.
Se parlassimo italiano, saremmo felici.	If we spoke Italian, we'd be happy.
Se sapessero l'indirizzo, te lo darebbero.	If they knew the address, they'd give it to you.
Se Gina si sentisse meglio, uscirebbe con noi.	If Gina felt better, she'd come out with us.
Se avessi avuto il tempo, l'avrei fatto.	If I'd had the time, I would have done it.
Se Laura non fosse stata così impegnata, sarebbe uscita con noi.	If Laura hadn't been so busy, she would have come out with us.
Se ci fossimo alzati un pochino più presto, non avremmo perso il treno.	If we had got up a little bit earlier, we wouldn't have missed the train.

The **tu** form is the same as the **io** form, and the **voi** form ends in -**ste**:

Se tu fossi ricco (se avessi molti soldi), che cosa faresti?

Se voi foste ricchi (se aveste molti soldi), che cosa fareste?

If you were rich (if you had a lot of money), what would you do?

Note that the past subjunctive forms of **dare** and **stare** have **e**:

se (io) **dessi**   if I gave   se (io) **stessi**   if I were (stayed)

ORA TOCCA A LEI!

I   Answer these questions by referring to the text:

1 Che cosa si vede dallo studio di Annigoni? .... di Firenze.

2 Dov'è il suo studio ideale? .... dietro, ... se stesso.

3 Perchè? .... a dover lavorare .... questo mondo. Perciò, ... adattarsi.

4 Annigoni è fiorentino? No, ... è di nascita, ma .... è di cuore!

5 Qual è il suo ritratto più importante? ...., che ha fatto ... 1954.

6 Come trova il clima inglese? ....un po' bizzarro.

7 Quali sono i migliori modelli? .... a lungo.

8 E quali sono i peggiori? ....andarsene.

9 Che effetto fanno questi ultimi sull'artista? ....:................... nervosismo.

10 Dal punto di vista del pittore, Papa Giovanni era un pessimo modello. Perchè? .... fermo, ... inquieto. Era .... Annigoni ....ritrarlo.

II Each phrase on the right is a sensible response to *one* of the phrases on the left. See if you can match them:

1 Gino ha i biglietti?   a) Sì, ma non me l'ha dato.
2 Maria ha le chiavi?   b) Ma ve l'ho presentata l'altra sera!
3 Gli avete chiesto la macchina? c) Ma Glieli ho già dati!
4 Fammi vedere la patente!   d) No, non gliele ho ancora date.
5 I ragazzi hanno la chiave?   e) Me li hanno rubati!
6 Non conosciamo quella ragazza. f) Te li ho già dati.
7 Le hai chiesto il passaporto?   g) Sì, glieli ho dati ieri.
8 Dammi i biglietti!   h) Ma te l'ho già fatta vedere!
9 Non hai più soldi? Come mai?   i) Sì, gliel'ho data prima di uscire.
10 Mi dia i biglietti!   j) Sì, ma non ce l'ha data.

III Se mio nonno avesse le ruote ...

Non vado a lavorare in Italia perchè non parlo italiano.

Se parlassi italiano, ci andrei.

Non riesco a lavorare perchè c'è troppo rumore.

Se non ci fosse tanto rumore, ci riuscirei.

Non possiamo entrare perchè non ci danno le chiavi.

Se ce le dessero, potremmo entrare.

1 Non telefono a Pina perchè non so il suo numero.

Se lo ...., le ....

2 Non mi sposo perchè non trovo il mio ideale.

....

3 Aldo non se ne va in America perchè suo padre non gli dà i soldi.

.... i soldi, ... subito!

4 Il pittore non gli fa il ritratto perchè non sta fermo.

.............., glielo ....

5 Non veniamo da voi stasera perchè siamo impegnati.

.... così ...., ... molto volentieri!

6 Non la invitiamo alla festa perchè non la conosciamo bene.

.... meglio, ...

7 Non ci alziamo molto presto perchè andiamo a dormire tardi.

.... così tardi, ... molto più presto.

8 I genitori di Piero non gli danno la macchina stasera perchè ne hanno bisogno loro.

.............., gliela ....

9 Povero Adolfo! Tutti lo prendono in giro perchè ci tiene tanto a farsi chiamare 'dottore'.

Beh, ... tanto, ...!

IV Aspetta un attimo che vado a prendere le sigarette!

Priscilla is upset with Adolfo. What she says (1–10) is in the wrong order. See if you can sort it out.

Se non ci fossimo alzati così tardi . . .

1 io non sarei rimasta sola con i bagagli.

2 dove ho perso un sacco di tempo perchè lei non sapeva parlare italiano!

3 e se tu non te ne fossi andato a comprare le sigarette.

4 io non avrei dovuto abbandonare i bagagli per accompagnarla all'ufficio informazioni

5 Se non l'avessimo perso

6 Ma se tu fossi tornato subito, invece di fermarti a chiacchierare con quella ragazza in minigonna.

7 non avremmo dovuto aspettare tanto tempo alla stazione.

8 sono sicura che le valigie non ce le avrebbero rubate!!!

9 non avremmo perso il treno.

10 e se poi quella signora inglese non fosse venuta a chiedermi a che ora
partiva il treno per Napoli

V

1 A Lei piace l'arte classica o quella moderna? Forse non ha nessuna
preferenza?

2 Molti pittori moderni fanno dei quadri che sono molto difficili da capire.
Ci dovrebbe essere qualche motivo per questo. Qual è, secondo Lei?

Forse vogliono rappresentare la complessità della vita moderna?

Forse perchè in fondo non hanno niente da dire, ma ci tengono a farsi
passare per degli intellettuali?

Ci potrebbero essere altri motivi, secondo Lei?

3 Se qualcuno Le desse dei soldi per comprare dei quadri, quali quadri
comprerebbe?

(Dipende da quanti soldi mi danno.

Per esempio, se mi dessero un milione di sterline, ...)

Domenico Modugno: Mister 'Volare'!

SE DOVESSI RINASCERE...

Domenico Modugno, a popular actor, singer and composer talks about his life to Diego Cimara

Modugno Io ho iniziato, diciamo, partendo dal mio paese, all'età di diciotto anni, andando verso . . . così . . . all'avventura, in cerca di . . . in cerca di risolvere il problema della mia vita, il problema del mio ideale. Il mio ideale era quello di comporre della musica, e . . . di cantarla no, perchè non ci pensavo neanche a cantarla. Era di comporre della musica e di . . . di recitare in teatro, in cinema. E così sono arrivato a Roma, ricordo, nell'Anno Santo, tanti anni fa, nel 1948, e non sapevo dove andare, e allora mi sono rivolto a un . . . a un convento dei Frati Camaldolesi a San Gregorio al Celio. Ho bussato dicendo che ero un pellegrino che voleva ospitalità perchè tutti gli alberghi erano pieni e io non potevo andare ad abitare da nessuna parte. Mi hanno ospitato così per cinque, sei giorni — che durava sette giorni là il periodo dell'Anno Santo — e invece io . . . , invece di stare sei, sette giorni, sono stato lì credo per tre mesi, finchè un giorno il Padre si è deciso a dire: 'Ma insomma, Lei . . . L'Anno Santo è finito, che vogliamo fare, vogliamo restare qui tutta la vita?' E io così ho chiesto ancora dell'ospitalità e poi alla fine son dovuto andare via per . . . , perchè non potevo restare, senò mi dovevo fare frate. E così sono andato a . . . , a bussare, diciamo, a una casa cinematografica e ho fatto la comparsa; ho fatto la comparsa, il film si chiamava "I pompieri di Viggiù". E così m'hanno visto al mio paese. È arrivato questo film al mio paese e tutti quanti: 'Ah, Modugno ha fatto carriera, è diventato importante'. Perchè mi ricordo che era una scena che io apparivo dietro, facevo un segno con la mano e poi mi cacciavano via, e per loro era una cosa importantissima. Insomma, questa è stata la mia prima esperienza artistica, diciamo. Poi, poi ho fatto il Centro Sperimentale, mi sono iscritto al Centro sperimentale, e così ho fatto un concorso e l'ho vinto; ho vinto una borsa di studio. E nel frattempo, mentre recitavo, diciamo, mentre studiavo a scuola così, suonavo negli intervalli coi ragazzi, con gli amici, suonavo alla chitarra delle canzoni che componevo io stesso, delle canzoni in 'lingua siciliana'. Dico 'lingua siciliana' — perchè invece erano in dialetto pugliese, del mio paese, perchè io sono di Polignano a Mare e residente a San Pietro Vernotico, provincia di Brindisi, dove parlano un dialetto che rassomiglia moltissimo al siciliano. Infatti io sono andato alla radio dicendo: 'Avrei delle canzoni pugliesi da farvi sentire che compongo io stesso'. Quando le hanno sentite hanno detto: 'Sono . . . sono abbastanza interessanti, sono carine, però non sono delle canzoni pugliesi: queste sono, sono delle canzoni siciliane'. Dico: 'No, guardi che sono pugliesi'. Dice: 'Ma come, il dialetto è siciliano! Dico: 'No, vi assicuro che è un dialetto pugliese'. Dice: 'Ma rassomiglia molto . . .', poi dice: 'Modugno, guardi; in questo momento il dialetto siciliano è molto più interessante del dialetto pugliese, e allora è meglio che diciamo che Lei è siciliano'. E così è nata la grande menzogna di Modugno siciliano, mentre sono pugliese. E ancora oggi c'è qualcuno che chiede se sono siciliano o se sono pugliese.

Diego   Qual è stata l'impressione di questa grande città da parte di . . ., in fondo, di un ragazzo che arrivava dalla provincia?

Modugno   Beh, l'impressione è stata talmente bella che ricordo che quando io sono arrivato a Roma, 'sbarcato' — lo dico io, perchè mi sono sentito proprio un emigrante — sono sceso alla Stazione Termini, che allora non era . . ., non era com'è adesso, in questo momento, con la mia valigia, a piedi, sono sceso giù per via . . ., per via Barberini, cioè per la via che porta a via Bissolati, che porta a piazza Barberini, mi son fermato davanti a un palazzo, a un muro e l'ho baciato. Ho detto 'Finalmente sono a Roma!' E poi ho scoperto Roma con tutta la sua bellezza, con tutto il suo fascino segreto che se si deve descrivere adesso è una cosa molto lunga. Però Roma per me ha una sensazione di un . . ., di una città nella quale si sta sempre in vacanza: si sta in vacanza d'estate, si sta in vacanza d'inverno, si sta in vacanza in autunno, in primavera. Ma dico questo non perchè a Roma non si lavori, anzi, a Roma bisogna lavorare forse più che in altre città, però ha quest'aria incantata; io dico che è l'aria degli antichi romani che ancora aleggia; quest'aria di . . . cioè si può stare a Roma anche senza far niente: cioè alcune persone scelgono il posto per andare in vacanza, invece io scelgo Roma per stare tutto l'anno in vacanza.

Diego   Se si può fare a questo punto un consuntivo — non è un consuntivo evidentemente definitivo — ma, dico, guardando a ritroso nel tempo, che cosa si può dire? Cioè c'è stato qualche sbaglio? E, se non c'è stato, com'è che tutto è andato così liscio?

Modugno   Insomma, io facendo a ritroso il mio cammino lo trovo . . . lo trovo pieno di soddisfazioni e pieno anche di delusioni, pieno anche di arrabbiature, pieno di scontentezze, pieno di . . . di disagio, di cose da raggiungere, di cose non raggiunte, di delusioni. Però, tutto sommato, io faccio un . . . così, un consuntivo della mia vita e sono contento di averla vissuta in questa maniera e se dovessi rinascere, ricominciare daccapo, rifarei esattamente tutto quello che ho fatto fino ad oggi. E tutto quello che devo fare ancora!

PAROLE ED ESPRESSIONI

all'avventura	without any precise goal in mind
in cerca di risolvere . . .	trying to solve . . .
di cantarla no	not to sing it
non ci pensavo neanche a cantarla	I never even thought about singing it
recitare in teatro, in cinema	to act in the theatre, in the cinema

mi sono rivolto a un convento . . .	I went to a monastery . . . (**rivolgersi a** *to turn to, apply to*)
Frati Camaldolesi	Camaldolensian Fathers (a monastic order of St. Romualdo of Camaldoli, founded in the 11th century)
da nessuna parte	nowhere. Here: anywhere
che durava sette giorni là il periodo dell'Anno Santo	as the Holy Year period lasted for seven days there. (Modugno is perhaps referring to some special pre-Holy Year celebrations of that particular order).
il Padre si è deciso a dire . . .	the Father Superior finally got around to saying . . . (**decidersi a fare qualcosa** *to make up one's mind to do something*)
che vogliamo fare?	what are we going to do? (**Volere** often has the idea of *going to, planning to*).
alla fine son dovuto andare via	in the end I had to leave — **andare via = andarsene** (19.4).
senò mi dovevo fare frate	or I would have had to become a monk
ho fatto la comparsa	I worked as an extra
e tutti quanti. . .	and everybody (said) . . . **Tutti quanti** is more emphatic than **tutti**
Modugno ha fatto carriera	Modugno has got on, he's made it
una scena che io apparivo dietro	a scene where I appeared in the background
ho fatto il Centro Sperimentale	I went to the Centro Sperimentale di Cinematografia (a State subsidized school for actors, producers and film directors).
ho vinto una borsa di studio	I won a scholarship
suonavo alla chitarra delle canzoni che componevo io stesso	I played on the guitar songs which I used to compose myself
invece erano in dialetto pugliese	in fact they were in the dialect of Apulia
avrei delle canzoni pugliesi da farvi sentire . . .	I have some Apulian songs I'd like you to listen to . . . (the conditional **avrei** is extremely deferential).
dico: 'No, guardi che sono pugliesi'	'No', I said, 'Look, they're from Apulia'. (The present **dico** instead of the perfect makes the story more lively).
e ancora oggi c'è qualcuno che chiede . . .	and there are still people who ask . . .

da parte di . . ., in fondo, di un ragazzo che arrivava dalla provincia	from the point of view of . . . after all . . . a boy arriving from the provinces
'sbarcato' — lo dico io	'disembarked' — that's *my* word for it
sono sceso alla stazione Termini	I got off (the train) at Termini Station (Rome's main railway station).
sono sceso giù per via Barberini	I walked down via Barberini **Scendere** *to get off, go down* is the opposite of **salire** *to get on, get up*. Both have perfects with **essere**
non perchè a Roma non si lavori	not because people don't work in Rome
è l'aria degli antichi romani che ancora aleggia.	it's the spirit of the Ancient Romans which is still in the air
guardando a ritroso nel tempo	looking back in time
com'è che tutto è andato così liscio?	how is it that everything has gone so smoothly?
facendo a ritroso il mio cammino	going back over my life
pieno anche di arrabbiature	full, too, of frustrations
di cose da raggiungere, di cose non raggiunte, di delusioni	of things to be achieved, things that were not achieved, disappointments (**che delusione!**) (*what a disappointment!*)
sono contento di averla vissuta in questa maniera	I am pleased to have lived my life in this way
se dovessi rinascere . . .	if I were to be born again . . .

VITA E AMBIENTE

Domenico Modugno

La musica Modugno ce l'ha un po' nel sangue. La sua musica riflette il carattere della gente del sud d'Italia, dove lui è nato. Modugno ha scritto canzoni allegre e tristi: alcune di queste canzoni sono come un grido di gioia lanciato nell'aria (come per esempio 'Volare', la canzone che lo ha reso famoso in tutto il mondo, tanto che gli americani lo chiamano anche 'Mister Volare'), altre sono più dolci e romantiche, come 'Un vecchio frac'. L'origine di altre canzoni invece è la ricchissima tradizione popolare della sua terra, come la famosa canzone 'Il pesce spada', scritta in dialetto.

Canta lui stesso le canzoni che compone, accompagnandosi con la chitarra: le parole sono scritte in dialetto pugliese, in dialetto siciliano (i suoi genitori sono di Messina) ma molto spesso anche in italiano. Le sue canzoni dialettali sono particolarmente belle ed è grazie a loro che Domenico Modugno viene considerato una delle voci più originali della canzone italiana dialettale moderna.

Modugno, però, non è soltanto cantante e scrittore di canzoni: è anche un attore di teatro molto apprezzato, sia nel campo delle commedie musicali che in quello del teatro più impegnato. Nel 1961 aveva recitato nella commedia musicale 'Rinaldo in campo', e recentemente ha preso parte all' 'Opera da tre soldi' di Bertold Brecht.

LA LINGUA

1 da nessuna parte

Parte is used in a number of very common expressions with **da** (see Lesson 4, page 33):

Hai visto la mia borsa?	Have you seen my bag (briefcase)?
Mi sembra di averla vista da qualche parte.	I seem to have seen it somewhere.
Non conosco nessuno da queste parti.	I don't know anybody around here (in these parts).
Ti saluto da parte di mia madre.	My mother sends her regards (I greet you on behalf of my mother).
Bisogna accettare le sue condizioni. D'altra parte, non c'è niente da fare.	We must accept his conditions. Anyway, there's nothing we can do about it.

2 son dovuto andar via

Modugno could also have said **ho dovuto andar via**, but when **dovere** is followed by an infinitive like **andare, venire, rimanere, salire, scendere**, etc., it often makes its perfect with **essere**. **Potere** behaves in the same way. (Note how **sono** is usually shortened to **son**).

Gina non **è** potuta venire da noi. **È** dovuta rimanere a casa.	Gina wasn't able to come to see us. She had to stay at home.
Non **siamo** potuti salire sull'autobus perchè era pieno.	We weren't able to get on the bus because it was full.
Le ragazze **son** dovute scendere prima della loro fermata perchè c'era molto traffico.	The girls had to get off before their stop because there was a lot of traffic.

One could also say: Gino non ha potuto venire ... Ha dovuto rimanere .... Non abbiamo potuto salire. ... le ragazze hanno dovuto scendere. ... If **ci** (meaning *there*) is attached to the infinitive, **dovere** and **potere** make their perfect with **avere**:

Ho dovuto andarci sabato.	I had to go there on Saturday.

But if **ci** comes first, the perfect is made with **essere**:

Ci **son** dovuto andare sabato *or* Ci **son** dovuta andare sabato.

There is no difference in meaning, whether the perfect is made with **avere** or **essere**.

The same principle applies to the reflexive pronouns, **mi**, **ti**, **si** etc.

Abbiamo dovuto alzarci presto.
Ci **siamo** dovuti alzare presto.

We had to get up early.

Giulia non ha potuto andarsene.
Giulia non se n'**è** potut**a** andare.

Giulia wasn't able to go away.
(hasn't been able to . . .).

3 mi dovevo fare frate

Notice these three common meanings of the imperfect of **dovere**:

Dovevo prendere l'autobus.

I used to have to take the bus.
I was supposed to take the bus.
I would have had to take the bus.

Here are some more examples of these meanings:

Quando facevamo il servizio militare, dovevamo alzarci molto presto.

When we did our military service, we used to have to get up very early.

Giulia è dovuta andare dal medico ieri. Anche Giorgio ci doveva andare, ma non c'è andato.

Giulia had to go to the doctor's yesterday. Giorgio was supposed to go too, but he didn't.

Siamo usciti presto per prendere l'autobus. Altrimenti, dovevamo prendere un taxi.

We went out early to catch the bus. Otherwise we would have had to take a taxi.

The imperfect of all verbs can have this last *would have* meaning:

Ho preso un taxi, altrimenti perdevo il treno.

I took a taxi, otherwise I would have missed the train.

Giulio ha dovuto lavorare come un pazzo. Senò, non finiva più il lavoro!

Giulio had to work like mad. If he hadn't, he would never have got the job finished!

4 se dovessi rinascere.

Se dovessi is often used for unlikely conditions:

Torno fra poco. Ma se dovessi ritardare, aspettami.

I'll be back soon. But if I should be late, wait for me.

Tutto andrà liscio. Ma se dovessimo avere delle difficoltà, ti chiameremmo.

Everything will go smoothly. But if we should have any difficulties we'll call you.

Dice che se dovesse rinascere rifarebbe tutto quello che ha fatto finora.

He says that if he were to be born again he would do exactly the same as he has done so far.

ORA TOCCA A LEI!

I   Put in the words that are missing:

Domenico Modugno .... dal suo paese quando ....
diciotto anni. Il suo ideale .... quello di comporre della musica.
.... anche .... l'attore. Però, non ....
nessuna intenzione di .... il cantante. Non ci ....
neanche!

.... a Roma nel 1948. Non .... dove andare perchè
non .... nessuno. Perciò, ... a un convento di frati,
dove .... ospitalità, dicendo di .... un pellegrino
venuto per l'Anno Santo. .... rimanere nel convento solo per
cinque o sei giorni, ma invece c'.............. per tre mesi, perchè non
.... andare ad abitare da nessun'altra parte. Alla fine il Padre
Superiore gli .... che non .... restare per tutta la vita,
senò .... frate. Così .... andar via.

.... la sua carriera artistica col .... la comparsa in un
film che .... 'I pompieri di Viggiù'.
Poi .... al Centro Sperimentale di Cinematografia e ....
una borsa di studio. Nel frattempo .... alla chitarra delle
canzoni che .... lui stesso. Queste canzoni .... in
dialetto pugliese, che .... molto al siciliano. Difatti, quando
Modugno .... alla radio in cerca di lavoro e ....
sentire le sue canzoni, gli ....che erano canzoni siciliane, e non
pugliesi. Alla fine .... costretto a farsi passare per siciliano
anche lui, perchè il dialetto siciliano veniva considerato molto più
interessante di quello pugliese. Cosìcche ancora oggi ....gente
che crede che Modugno ...... siciliano, mentre invece ...... pugliese.

II   Perchè non hai telefonato?!

Giulio gets back home after 3 a.m. His wife is worried . . . and curious.

Use the appropriate parts of **andare, andarsene, aspettare, conoscere, dovere, partire, perdere, potere, rimanere, stare, suonare, telefonare** and **volere** to complete what they are saying:

1 Giulio! Dove .... ? Che cos'è successo? Perchè non hai telefonato? Dimmi qualcosa!

    Che giornataccia ho avuto oggi! .... rimanere in ufficio fino a mezzanotte! C'era un sacco di roba da fare!

2 .... lavorare proprio fino a mezzanotte?

    Avevo smesso di lavorare prima delle undici, quando la mia collega—

3 La tua collega? Ah, non eri solo?

    No, ... ad aiutarmi una mia collega. .... lavorare come pazzi!

4 Ma chi era questa collega? La conosco?

    No, non credo che tu la ....
Una certa Luisa Parisi.

5 Luisa Parisi? Ma non è quella
  che noi .... alla
  festa del tuo direttore sabato
  scorso? È una bellissima
  ragazza!

Sì, sarà bella. Ma, poveretta, è poco
  intelligente. Comunque, ha
  lavorato bene. Poi lei ....
  .... alle undici, e me ne
  .... (–ando)
  anch'io, quando –

6 Ma perchè non mi hai
  telefonato?

– a un certo punto mi sono ricordato
  che c'erano ancora tre lettere
  importantissime da scrivere.
  .... averle pronte per
  domani. Così .... rimanere
  fino a mezzanotte.

7 Ma .... anche telefonarmi a
  mezzanotte, sai!

.... telefonarti, ma con tutto
  quello che c'era da fare me ne sono
  completamente dimenticato!
  E poi a mezzanotte me ne ....
  andare. Senò .... l'ultimo
  treno. Infatti, l'.............!

8 L'.....................?!

Sì, perchè .... andare a
  piedi fino alla stazione. Non
  .... trovare un taxi. Il
  treno .... (–endo) proprio nel
  momento in cui arrivavo!

9 Allora, ... telefonarmi dalla
  stazione! Ero
  preoccupatissima, sai!

Ho provato, ho provato a telefonarti.
  Ma tutti i telefoni nella stazione
  erano guasti!

10 Tutti guasti?! Ma, che strano!

Vero, eh? E poi ero così preoccupato.
  Pensavo a te, sola in casa, che mi
  .... (–ando). Senti! ....
  (–ando) il telefono!

Vado io!

Pronto! Chi parla?
Ah, vero? Dove?
Sì, ho capito! Sì glielo dirò! –
È Luisa Parisi che telefona
  per dirti che hai dimenticato
  la borsa nel night-club.

Chi c'è? Chi telefona a quest'ora?
Sono quasi le quattro!

Ma non l'avevo detto io che è stupida?!

III 1 Se Lei dovesse rinascere italiano (italiana), sceglierebbe di vivere a
      Roma, a Firenze o in qualche altra città italiana? Perchè?

   2 Se avesse la possibilità di conoscere una delle persone intervistate in
      questo libro, chi preferirebbe conoscere? Perchè?

   3 Domenico Modugno dice che, se dovesse rinascere, rifarebbe tutto
      quello che ha fatto finora. E Lei? Se avesse la possibilità di rivivere la Sua
      vita, la vivrebbe come l'ha vissuta fino ad oggi, o vorrebbe viverla in un
      modo diverso? Perchè?

ANSWERS TO ORA TOCCA A LEI!

Lesson 1

I   1 Ci sono degli svantaggi, ma non tanti. 2 Ci sono dei grandi negozi, ma non tanti. 3 Ci sono delle fabbriche moderne, ma non tante. 4 Ci sono dei turisti inglesi, ma non tanti. 5 Ci sono degli americani, ma non tanti. 6 Ci sono delle belle ragazze, ma non tante.

II   1 La signorina che . . . 2 Le donne che . . . 3 Il rumore che . . . 4 Gli studenti che . . .

III   1 I rumori dei cortili. 2 La macchina dello studente americano. 3 L'appartamento dell'amica . . . 4 Il negozio del mio amico. 5 I bambini della signora . . . 6 Gli odori delle cucine degli altri!! 7 Lo svantaggio di perdere la propria vita privata!!!

V   1 vive al centro e può andare a piedi. 2 tutti i negozianti conoscono tutte le persone che vivono nel quartiere. 3 ci sono tanti piccoli artigiani intorno. 4 d'inverno fa freddo. 5 i muri sono molto spessi. 6 si può comunicare a livello umano. 7 di perdere la propria vita privata.

V   Dipende da Lei!

Lesson 2

I   1 Alcune persone bevono molto vino. Io invece bevo . . . 2 Alcune persone mangiano molto bene. Io invece mangio . . . 3 Alcune persone incontrano molta gente. Io invece non incontro . . . 4 Alcune persone sentono tutto. Io invece non sento niente! 5 Alcune persone dicono 'per favore'. Io invece dico . . . 6 Alcune persone stanno molto bene d'estate. Io invece sto . . . 7 Alcune persone vanno in montagna d'inverno. Io invece vado . . . 8 Alcune persone possono stare a Roma senza far niente. Io invece devo sempre fare qualcosa!

II   1 Non il più bello. Ma è il mio paese. 2 Non la più bella. Ma è sua moglie. 3 Non il più affascinante. Ma è suo marito. 4 Non la più intelligente. Ma è il nostro professore. 5 Non il più grande. Ma è il vostro presidente. 6 Non il più bravo. Ma è il loro figlio.

II   Signorina, Le piace . . . Non Le piace? . . . Ma Lei vive al centro . . . Senta, se Le dicono di scegliere . . . dove Lei va d'estate, Lei che cosa sceglie? . . . Perchè a Roma non Le piace stare?

✓   1H; 2E; 3F; 4A; 5C; 6G; 7B; 8D.

✓   1 Sono nato (nata) a . . . 2 Adesso abito a . . ./Abito ancora lì. 3 Abito lì da . . . anni/mesi – Abito lì da quando sono nato (nata). 4 (*For example*) Mi piace abitare lì perchè ci sono molti grandi negozi/perchè non c'è molto traffico. *or* Non mi piace perchè ci sono troppe macchine.

VI (*For example*) Preferisco la campagna alla città perchè in campagna si può ancora comunicare a livello umano.

Lesson 3

I 1 Ce l'ha Giorgio. 2 io non ce l'ho. 3 chi ce l'ha?... ce l'hanno le ragazze. 4 Ce l'avete voi?... noi non ce l'abbiamo. 5 ce l'ho io! 6 Ce l'hai tu?!!

II 1 contenta di essere accompagnata dappertutto dalla madre. 2 contento di essere adorato dalle ragazze. 3 contenta di essere aiutata dagli amici. 4 contento di essere chiamato ogni sera dalla moglie. 5 sono contenti di essere mantenuti dallo Stato.

III 1 Sì, perchè lavora ancora molto. 2 (*For example*) Il suo entusiasmo. 3 È ottimista. 4 Io sono... 5 (*For example*) Non bisogna prenderli sul serio. 6 Alcune giovani turiste inglesi li incoraggiano, ma non tutte. 7 Perchè ormai sono abituate ai pappagalli. 8 ?

Lesson 4

I 1 visto; parlato 2 parlato; detto 3 detto 4 ricevuto; scritto 5 scritto 6 avuto

II 1 si ferma 2 si ferma 3 si fermano; si fermano 4 si fermano 5 mi fermo

III 1 È nato a Firenze. 2 Ci abita da undici anni ormai. 3 Lo insegna da due anni. 4 Lavora come interprete da quasi cinque anni. 5 Lo conosce da circa sei anni. 6 Guida da più di quattordici anni. 7 Ce l'ha da tre anni. 8 Si chiama Lucia. 9 Ne hanno due... 10 Il bambino si chiama Giorgio e la bambina si chiama Anna.

IV 1 Ce ne sono sette. 2 Ce n'è... 3 Non si sente niente. 4 ci sono...; non si sente... 5 Ce ne sono pochi. 6 si vede...; Si vede... 7 Ce n'è... 8 Si vede...

V 1 Sì, circa 20, 25 minuti di macchina. 2 Ci sono molte ragioni: le strade sono strette, i romani amano andare in macchina e sono poco disciplinati. 3 Perchè questo significa rendere Roma una città morta. 4 Hanno fatto tutte le strade a senso unico. 5 *and* 6 Sì, ce l'ho (No, non ce l'ho). Ce l'ho da .... anni (mesi) (Non ce l'ho ancora) 7 (*For example*) Sì, la uso ogni giorno per andare al lavoro, per andare in centro/Non la uso spesso. La uso soltanto per andare in campagna. 8 (*For example*) Secondo me, dovrebbero ridurre il numero di macchine ed essere molto più severi con le persone che parcheggiano in mezzo alla strada.

Lesson 5

I 1 Mi sembra 2 Gli; gli sembra 3 le piace; le sembra 4 piace a 5 Non piace neanche a Gino? A Gino sembra... 6 gli conviene

II 1 telefonato 2 sentito; aperto; preso 3 dato 4 detto; invitato 5 chiesto

III 1 perso; messo 2 guardato 3 visto 4 cercato 5 lasciato 6 guardato 7 guardato 8 trovato

IV (*For example*) Io scelgo di sposare un'italiana perchè la donna italiana è più romantica della donna inglese! Per me, gli uomini latini sono più caldi degli uomini inglesi.

Lesson 6

I   1 Anna è nata ... È stata ... è andata ... non è mai stata ... (*otherwise there are no changes*)

II è nato; Ha vissuto; è andato; ha scritto; è andato; ha vissuto; ha scritto; ha avuto; è stato; ha avuto; È andato; è tornato; ha scritto; è tornato; è morto.

III è nata; ha scritto; è andata/ha vissuto/è stata; è stato; è tornata; ha scritto; Ha vissuto; ha avuto; è tornata; è andata; è morta.

IV 1 Perchè normalmente si trovano fuori mano. 2 Si trova nel cortile del Palazzo Pitti. 3 C'è andato l'anno scorso. 4 Sia Edimburgo che Firenze sono città di arte e di musica. 5 Perchè il cane non ha voluto abbandonare il padrone. 6 Perchè la mula ha lavorato per molti anni portando del materiale dalle colline.

V   Questo dipende da Lei!

Lesson 7

I   si è laureato; si è laureata; si è ancora sposato; È andato; si è trovato; è tornata ...

II Paola e Mario sono nati ... Hanno vissuto ... Poi sono andati ... dove sono stati ... si sono sposati e sono venuti ... dove si sono trovati ... Hanno avuto ... si sono iscritti ... Si sono laureati ... si sono messi ...

III 1 si beve 2 si mangiano 3 si ha 4 si vendono 5 si mangia bene e si spende poco 6 si prendono 7 si riesce 8 si passa

IV 1 Gli hanno 2 Gli hanno 3 gli hanno; l'hanno 4 L'hanno; l'hanno 5 gli hanno 6 L'hanno

V   1 Perchè è un po' più piccola di Roma e la vita è piu a dimensioni umane. 2 Sì, perchè la gente va più volentieri in centro ora che non c'è traffico. 3 La prende per insegnare. 4 Ci riesce perchè i bambini vanno a scuola e anche al doposcuola. 5 Adolfo, perchè è stato buttato nella fontana ed è stato arrestato dalla polizia. 6 No, a questo non ci sono arrivati! 7 Divertentissimi!

Lesson 8

I   1 Li trovo ottimi 2 Lo trovo ottimo 3 Le trovo ottime 4 La trovo ottima 5 Li trovo ...! (ottimi, speriamo!)

II 1 È ... È venuta qui a ... 2 È ... È venuto qui a ... 3 sono ... Sono venuto qui a ... 4 sono ... Sono venuta qui a ... 5 Sono ... Sono venute qui a ... 6 sono ... Sono venuti qui a ...

III 1 non beve ... gli impedisce ... Lo tiene sveglio ... 2 non beve ... le impedisce . . . La tiene sveglia . . . 3 non bevono . . . gli impedisce . . . Li tiene svegli . . . 4 non bevono . . . gli impedisce . . . Le tiene sveglie 5 non beviamo . . . ci impedisce . . . Ci tiene svegli . . .

IV   1 B; 2 E; 3 A; 4 C; 5 G; 6 D; 7 F.

Lesson 9

I   1 ho 2 esco 3 vado 4 conosco

II   1 facevano; volevano 2 Pensavano 3 avevamo; eravamo 4 sapevano
5 stavano 6 uscivano 7 potevano; volevano; erano 8 andava

III   1 Perchè non usciva mai, doveva sempre stare in casa. 2 L'ha conosciuto da un suo zio. 3 Non si parlavano e non si davano neanche la mano. 4 Il primo giorno che si sono dati la mano è stato il giorno che si sono fidanzati. 5 C'erano la madre della signora Salvati e una sua zia. 6 Perchè lui non le aveva mai detto niente. 7 Le sembrano un po' troppo moderne, un po' troppo libere.

IV   (*For example*) 1 Abitavo in un piccolo paese vicino a . . . 2 Eravamo . . . 3 Non uscivo spesso. 4 Avevo pochi amici./Sì, ne avevo molti. 5 I miei genitori erano molto severi e non potevo fare quello che volevo. 6 Sì, andavo in vacanza con la famiglia./No, andavo in vacanza con gli amici. Andavamo al mare (in montagna, in campagna)./Non andavo mai in vacanza. 7 La sera leggevo, studiavo, ascoltavo la radio, guardavo la televisione, andavo al cinema. . . .

Lesson 10

I   (i) Vedo il bambino . . . Gli do il pranzo . . . un po' con lui. Poi il bambino . . . gioco con lui . . . lo metto . . . Poi lo vedo . . . quando gli do . . .
(ii) Vedo i bambini quando tornano . . . Gli do il pranzo . . . un po' con loro. Poi i bambini vanno . . . gioco con loro . . . li metto . . . Poi li vedo . . . quando gli do . . .
(iii) Vedo le bambine quando tornano . . . Gli do il pranzo . . . un po' con loro . . . Poi le bambine vanno . . . gioco con loro . . . le metto . . . Poi le vedo . . . quando gli do . . .

II   1 Si alzano alle otto. 2 Si vedono per il pranzo (a mezzogiorno) e la sera.
3 Fanno delle lunghe chiacchierate e giocano a carte. 4 La mettono in un angolo, perchè preferiscono parlare con gli amici. 5 Fa la calza e guarda la televisione. 6 Si sono incontrati (in una sala fiorentina) ad una festa di Carnevale. 7 Sì, perchè si ricorda che sua moglie aveva un vestito di paillettes quando si sono incontrati. 8 È nata il diciannove agosto. 9 Perchè a casa ha sempre qualcosa da fare. 10 Gli piacerebbe sentirla di più.

III   1 non usciva 2 non prendeva/non usava; Prendeva; andava 3 mangiava/andava; beveva 4 aveva; doveva 5 era; voleva 6 era

IV   1 Mi alzo generalmente alle . . . 2 Esco di casa verso le . . . 3 Sì, lavoro in un ufficio/in una scuola/in una fabbrica/in un negozio/in una trattoria . . . *or* Sono casalinga/Sono in pensione/Sono studente. 4 Comincio a lavorare alle nove e finisco (di lavorare) alle cinque e mezzo/Non finisco mai !

5 La (lo, li) vedo la sera. 6 Stamattina mi sono alzato (alzata) alle . . . 7 Sono uscito (uscita) di casa alle . . . 8 Ho dovuto prendere un taxi perchè avevo fretta. 9 Sono rientrato (rientrata) a casa verso le . . . 10 Sono andato (andata) a dormire a mezzanotte. 11 Ho guardato la televisione/ho fatto la calza/ho ascoltato la radio/ho letto/ non ho fatto niente/ho fatto una passeggiata col cane. 12 Ho visto un programma su Firenze/Ho ascoltato un programma di musica classica. 13 'Punti di Vista', naturalmente ! ! !

Lesson 11

I   da sei anni ormai; non so; mi piace; Una cosa; uova e pancetta; un piatto semplice; Mi piacciono; non li mangio; affatica lo stomaco; sto sempre attenta; fa male; non piacciono.

II   1 E; 2 I; 3 J; 4 A; 5 B; 6 G; 7 H; 8 C; 9 F; 10 D.

III   1 Perchè Roma l'ha adottato fin da tempi molto lontani, da molti anni. 2 Perchè si fa con pancetta, pomodoro, peperoncino, pecorino e pasta/Perchè gli ingredienti sono pancetta . . . 3 Sì, perchè io non so cucinare/No, non è difficile perchè si fa soffriggere olio, peperoncino e pancetta. Quando tutto è ben dorato si mette giù il pomodoro, e poi si condisce con formaggio pecorino. Tutto qui ! 4 Non mangiano perchè stanno attente alla linea, perchè stanno male di stomaco o perchè sono arrabbiate. 5 Sceglie una donna magra, non proprio magrissima, però ! 6 Per poter raccogliere il profumo del vino. 7 Per poter apprezzare tutto il suo profumo e le sue caratteristiche. 8 Riesce a capire molte cose: la provenienza, l'età, la gradazione, il tipo di vino e tutte le sue doti particolari. 9 Sì, perchè mi piace il vino/No, perchè il vino non mi piace, preferisco la birra/Dipende, pagano bene? 10 Sì, perchè sono un po' grasso (grassa)/No, non mi preoccupo mai di queste cose.

IV   1 Le trovo . . . 2 Sì, ci ho provato parecchie volte/No, non ci ho mai provato. Ho resistito per poco tempo veramente (per una settimana) 3 Potevo mangiare verdura, carne, pesce, formaggio, frutta, uova. Non potevo mangiare le cose che mi piacciono di più, come gli spaghetti all'amatriciana. 4 Sì, morivo sempre di fame ! 5 Ora mangio quello che voglio. 6 No, non la faccio — sono troppo grasso ! (grassa !)

Lesson 12

I   (i) . . . andrà in vacanza con sua sorella. Starà . . . Farà . . . prenderà . . . andrà . . . rivedrà . . . ha conosciuto . . . si divertirà . . . Si farà portare . . . avrà . . . Mangerà . . . perchè le piace . . . cercherà . . . vuole . . . Resterà . . . Tornerà . . . sarà . . . le sue colleghe !

     (ii) . . . Giulia e sua sorella andranno in vacanza. Staranno. . . . Faranno . . . prenderanno . . . andranno . . . rivedranno . . . hanno conosciuto. . . . si divertiranno . . . Si faranno portare . . . avranno . . . Mangeranno . . . perchè gli piace . . . cercheranno. . . . vogliono . . . Resteranno . . . Torneranno abbronzatissime . . . saranno . . . le loro colleghe !

II   A lei; piacciono; A lei; piace; A lui; vi; a noi; piacciono; A loro; gli; Le; a me/mi; piacciono

III 1 Sì, è cambiato radicalmente. 2 Mangiavano pastasciutta quasi tutti i giorni. 3 Gli ingredienti sono: melanzane, parmigiano, pomodoro, olio, mozzarella, basilico 4 Per la verdura va nei mercatini rionali, e per tutto il resto nei supermercati. 5 No, è rimasta fedele alla cucina napoletana. 6 No, cucineranno sempre più in fretta. 7 Preferisco la cucina italiana! 8 Il piatto che mi piace di più sono le lasagne al forno/Il piatto che mi piace di più è lo steak and kidney pie!

Lesson 13

I 1 Abbia pazienza, signorina! 2 La lasci davanti all'albergo, signore! 3 Venga al più presto possibile, dottore! 4 Stia tranquillo, avvocato, non si preoccupi! 5 Mi dia il numero e il nome della persona con cui vuole parlare, signora! 6 Non ci faccia caso, signorina! 7 Ne compri un chilo, la provi e, se non Le piace, la dia a me, signore!

II 1 g; 2 h; 3 i; 4 j; 5 b; 6 a; 7 d; 8 f; 9 c; 10 e.

III 5; 4; 1; 8; 7; 2; 9; 6; 3.

IV 1 Per vendere di più. 2 Perchè la minigonna imperava da molto tempo (e le persone interessate alla vendita dei tessuti erano preoccupate) 3 Perchè richiedeva certi accessori, e poi dava fastidio quando le donne salivano in autobus o in macchina 4 Perchè con le macchine in sosta non si possono pulire come si pulivano una volta. 5 Ormai le donne ritengono che sia una grossa conquista far vedere le gambe/Perchè alle donne piace far vedere le gambe. 6 Non ce la fanno/Non ci sono riusciti 7 Sì, possono essere gli stessi/No, nella prima categoria ci sono i mariti e i fidanzati, nella seconda ci sono gli uomini interessanti (affascinanti, ...!) 8 Ci tiene di più l'uomo (la donna) perchè è più vanitoso (vanitosa) 9 A me piace/A me non piace. Lo trovo simpatico, assurdo, pratico, effeminato . . . 10 Viene imposta per motivi economici/La gente è sempre libera di scegliere.

Lesson 14

I 1 Carla, non disturbare gli altri! 2 Giorgio, non strillare così! 3 Gina, mangia, bevi e sta' zitta! 4 Enzo, fa' i compiti! 5 Pina, dammi una mano a pulire la casa! 6 Giorgio, lasciami in pace! 7 Pierino, non dire parolacce! 8 Ragazzi, non mangiate troppe caramelle! 9 Ragazze, aiutatemi a lavare i piatti! 10 Andate tutti a dormire!

II 1 Perchè non le piace fare i compiti. 2 La cosa che le dà più fastidio sono le poesie. 3 No, c'è andata con i genitori, con Antonio e con Daniela. 4 Gli dava del pane. 5 Chiedeva di comprare delle caramelle. 6 Sì, aveva i soldi che le aveva dato suo padre. 7 L'ha comprato quando stava per andare via. 8 No, ne sa soltanto due.

III 1 digli 2 Dammi; Dille 3 Aspettami 4 Vieni; Porta 5 Chiamami

IV 1 Serve per parlare con i turisti inglesi. 2 Perchè aveva soltanto quattro anni quando c'è andato. 3 No, non c'era nebbia. Ma faceva freddo. 4 Si ricorda che c'era un laghetto. 5 A lui piace vivere a Firenze perchè è nato a Firenze.

6 Pensa alla statua di Peter Pan. 7 È molto esagerata. In Inghilterra il tempo è meraviglioso! 8 Sì, mi piaceva molto/Non mi piaceva per niente. La cosa che mi piaceva di più era lo sport. La cosa che mi dava più fastidio erano le lingue!

Lesson 15

I 1 La sto riparando adesso! 2 Lo sto mettendo adesso! 3 Le sto facendo adesso! 4 Gli sto scrivendo adesso! 5 Le sto telefonando adesso! 6 Lo sto finendo adesso! 7 La sto pulendo adesso! 8 Mi sto alzando adesso!

II 1 Perchè è molto più forte. 2 Sta vincendo la Lazio per uno a zero. 3 Perchè è l'unica partita che da qualche anno a questa parte non può vedere. 4 Perchè la Lazio e la Roma sono tutt'e due squadre romane. 5 Ha vinto la Lazio per uno a zero. 6 Sì, perchè dice che la Lazio ha vinto perchè ha giocato meglio.

III avrà . . . Sta pensando . . . Ha già invitato tutti i suoi amici e sta pensando . . . ha conosciuto . . . era . . . sta facendo . . . sta comprando . . . sta mettendo . . . stava . . . le mancano . . . È uscita . . . ed è rientrata . . .
(ii) avranno . . . Stanno pensando . . . Hanno già invitato tutti i loro amici e stanno pensando . . . hanno conosciuto . . . erano . . . stanno facendo . . . stanno comprando . . . stanno mettendo . . . stavano . . . gli mancano . . . Sono usciti . . . sono rientrati . . .
(iii) avremo . . . Stiamo pensando . . . Abbiamo già invitato tutti i nostri amici e stiamo pensando . . . abbiamo conosciuto . . . eravamo . . . stiamo facendo . . . stiamo comprando . . . stiamo mettendo . . . stavamo . . . ci mancano . . . Siamo usciti . . . siamo rientrati . . .

IV 1 Ha portato la Nazionale al secondo posto ai campionati del mondo in Messico. 2 Secondo lui, tutti gli italiani si considerano dei commissari tecnici. 3 Perchè la Nazionale Italiana ha perso contro la Corea. 4 Perchè l'Italia ha perso contro la Spagna per due a uno. 5 In Italia c'è del fanatismo, c'è dell'interesse troppo sentito. 6 Devono capire che il calcio è solo un gioco. 7 Sì, tifo per . . . 8 Preferisco vederle alla televisione . . .

Lesson 16

I 1 comprerebbe 2 spenderebbe 3 darebbe 4 smetterebbe; direbbe 5 rimarrebbero; starebbero 6 andrei 7 costruirei; inviterei

II 1 E; 2 C; 3 G; 4 F; 5 H; 6 A; 7 D; 8 B

III 1 Sì, sono vent'anni 2 Prima dell'industrializzazione aveva circa 900 anime, e adesso i suoi parocchiani sono ridotti a un 350 circa 3 Perchè la chiesa ha un terreno dove si coltivano la vite e l'olivo 4 Potrebbero andare in cantina a degustare il vino 5 Perchè la vite comincia a dare il suo frutto entro tre anni. L'ulivo, invece, non produce regolarmente. Può passare un anno o anche due senza dare il suo frutto. 6 Prima si vedeva il verde degli ulivi su in alto. Ora si vedono i colonnini di cemento delle vigne moderne 7 Non gli piace perchè i vecchi della zona hanno dovuto faticare molto per piantare gli ulivi. 8 Nel febbraio del '56 c'è stata una grande gelata 9 Per l'esperienza che ha avuto in campagna, perchè ha visto rivivere una pianta che era destinata a morire

IV 1 (*For example*) Andrei a vivere all'estero 2 Vivrei al mare 3 Sposerei un'italiana/un inglese/Purtroppo sono già sposato! 4 Smetterei subito di lavorare 5 Lo cambierei completamente perchè sono stanco di fare castelli . . . in aria!

Lesson 17

I 1 L'ho provata; . . . mi è piaciuta 2 Li ho provati; . . . mi sono piaciuti! 3 Le ho già provate . . . mi sono piaciute . . . 4 l'ho provata 5 mi è piaciuta 6 L'ho già provato . . . mi è piaciuto 7 L'ho già provata 8 Mi è piaciuta

II 1 Ne ha scritte . . . 2 Ne ha prese . . . 3 Ne ha visti . . . 4 non le ha capite . . . 5 L'ha raccontata . . . 6 L'ha scritta . . . 7 Li ha accompagnati . . . 8 L'hanno trovato . . .

III 5, 8, 3, 10, 7, 2, 9, 6, 1, 4

Lesson 18

I 1 non l'hanno mai fatto 2 non l'ha mai presa 3 Ne ha fatti quattro 4 Li ha vinti tutti 5 Ne ha avute molte 6 Lo sta facendo . . . 7 Ci vanno . . . 8 lo sono 9 non lo è 10 non ci riesce 11 se ne dimentica 12 ne ha dette due o tre 13 se ne ricorda

II 1 scriva 2 venga 3 conosca 4 abbia 5 sappia 6 parli 7 piaccia 8 sia 9 voglia 10 vada

III 1 j; 2 f; 3 h; 4 i; 5 g; 6 d; 7 a; 8 c; 9 e; 10 b

IV Dipende da Lei!

Lesson 19

I 1 Si vedono i tetti rossi . . . 2 Se lo porta dietro, fa parte di se stesso 3 Perchè si è trovato a dover lavorare in molte parti di questo mondo. Perciò, ha dovuto adattarsi 4 non lo è di nascita, ma lo è . . . 5 Quello della regina Elisabetta, che ha fatto nel 1954. 6 Lo trova . . . 7 Quelli che possono posare a lungo 8 Quelli che sono ansiosi di andarsene 9 Gli comunicano un certo nervosismo 10 Perchè non stava fermo, era inquieto. Era come se Annigoni fosse lì soltanto a fare una conversazione, non a ritrarlo

II 1 g; 2 d; 3 j; 4 h; 5 i; 6 b; 7 a; 8 f; 9 e; 10 c

III 1 Se lo sapessi, le telefonerei 2 Se trovassi il mio ideale, mi sposerei 3 Se gli desse i soldi, se ne andrebbe . . . 4 Se stesse fermo, glielo farebbe 5 Se non fossimo così impegnati, verremmo . . . 6 Se la conoscessimo meglio, la inviteremmo 7 Se non andassimo a dormire così tardi, ci alzeremmo . . . 8 Se non ne avessero bisogno, gliela darebbero 9 se non ci tenesse tanto, non lo prenderebbero in giro!

IV   9; 5; 7; 3; 1; 10; 4; 2; 6; 8

V   A me piace /Mi piace l'arte moderna (l'arte classica . . .)/Non ho nessuna
preferenza. 2 Il pittore deve rappresentare onestamente quello che vede e il
pubblico dovrebbe cercare di capirlo . . . È un po' la moda adesso quella di fare
quadri che non vogliono dire niente perchè la gente ha paura di confessare la
propria ignoranza . . . È tutto una questione di snobismo! Quando un pittore
viene considerato 'difficile' diventa più interessante . . .
3 Se mi dessero un milione di sterline comprerei 'la Gioconda' (*Mona Lisa*) —
o qualche Picasso (se fosse possibile!).

Lesson 20

I   è partito; aveva; era; Voleva . . . fare; aveva; fare; pensava
È arrivato; sapeva; conosceva; si è rivolto; ha chiesto; essere . . . Doveva;
è rimasto; poteva; ha detto; poteva; si doveva fare; è dovuto
Ha cominciato (incominciato; iniziato), fare, si chiamava.
si è iscritto; ha vinto; suonava; componeva; erano; rassomiglia; è andato;
ha fatto; hanno detto; è stato; c'è, sia, è

II   1 . . . sei stato? Son dovuto 2 Hai dovuto 3 è rimasta . . . Abbiamo dovuto . . .
4 conosca 5 abbiamo conosciuto; se n'è andata; me ne stavo andando . . .
6 Dovevo; son dovuto 7 potevi; Volevo; son dovuto; perdevo; ho perso 8 hai
perso; son dovuto; ho potuto; stava partendo 9 potevi/dovevi 10 stavi
aspettando; Sta suonando

III   1 Io sceglierei di vivere a Roma (perchè è la capitale, perchè mi piace molto
l'architettura classica, perchè mi sembra che ci sia più possibilità di
comunicare con la gente)
Io sceglierei di vivere a Firenze (perchè la vita è più a dimensioni umane,
perchè hanno chiuso il centro al traffico, perchè è come una grande galleria
all'aperto)
Io sceglierei di vivere a Milano (una città moderna), a Venezia (mi piacciono
le gondole!), a Napoli (è più romantica), a Palermo, a Catania o a Siracusa
(la Sicilia è incantevole!)
2 Io preferirei conoscere . . . la signora Salvati (9) perchè mi potrebbe
raccontare come si viveva in Italia settant'anni fa . . . Rascel (17) perchè è un
tipo molto divertente . . . il cameriere (11), perchè mi piace mangiare bene . . .
l'avvocato (11), perchè mi piace il vino!
3 Io non cambierei niente! Sono completamente soddisfatto (soddisfatta)
della vita che ho fatto fino ad oggi.
Io vivrei in un modo molto diverso. Farei l'attore (l'attrice), il (la) cantante . . .
Sarei medico, ingegnere . . . Studierei l'arte, l'architettura, le lingue.
Cercherei di rinascere con un po' di soldi in banca! Io (non) farei (più) il
pappagallo! Mi farei frate (suora)!

REVISION

1 Stress

In most words the prominent (stressed) syllable is the one before the last:

Roma centro Milano parliamo italiano

In many others the stressed syllable is the second from the end:

Napoli autobus cinema subito sabato domenica

A few words (mostly loro forms) are stressed on the third syllable from the end:

abitano comunicano si preoccupano

Final à, è, ì, ò, ù are always stressed:

città caffè lunedì casinò più

The written accent does not alter the pronunciation of the vowel. It is sometimes used to distinguish two words which would otherwise be spelt alike: Vengo da Roma (I'm coming from Rome)   Mi dà una mano (He gives me a hand)

Non li vedo (I don't see them)   Abito lì (I live there).

2 un, una, uno, un'

un vecchio quartiere	una bella casa
an old district	a nice house
un altro negozio	una zia americana
another shop	an American aunt
uno zio americano	un'altra macchina
an American uncle	another car
uno svantaggio enorme	un'ottima idea
an enormous disadvantage	an excellent idea

The masculine form uno is used before z and before s followed by a consonant. Una generally becomes un' before a vowel

Some adjectives (altro, vecchio, bello, ottimo, grande, piccolo, primo, etc.) generally come before the noun. Most others generally come after. A number may come before or after: lo scorso febbraio or febbraio scorso (*last February*), la prossima settimana or la settimana prossima (*next week*). Often the position of the adjective is simply a matter of style.

Buono (good) has a short form: buon, which is used before masculine singular nouns:

È un buon vino. Buon appetito! Buon giorno! Buon viaggio!

3 Quantities and amounts

Quanto rumore? How much noise?	Quanti spaghetti? How much spaghetti?

Quanta gente? How many people? Quante persone? How many people?
Gente is feminine and always singular. **Persona** (person) is feminine.

    molto,–a –i –e: *a lot*   tanto, –a –i –e: *such a lot*

    poco,–a pochi,–e: *not much, not many*

    pochissimo,–a –i –e: *very little* (*few*)

The ending –issimo etc. is like *very*: **pochissimo, moltissimo, tantissimo, bellissimo, grandissimo, romanissimo.**

Molto meaning *very*, **tanto** *so* and **poco** *not very* don't change:

    Maria è molto bella.

4
comunemente	commonly	generalmente	generally
recentemente	recently	probabilmente	probably
frequentemente	frequently	regolarmente	regularly

The ending **–mente** can be added to most adjectives, like the English *–ly*. Adjectives ending in **–le, –re** lose their final **e**:

normale	normalmente	normally
personale	personalmente	personally
particolare	particolarmente	particularly

Adjectives ending in **–o** add **–mente** to the feminine singular form:

libero (–a)	liberamente	freely
pratico(–a)	praticamente	practically
assoluto(–a)	assolutamente	absolutely

5 Singular and Plural

il centro storico	i centri storici
l'appartamento moderno	gli appartamenti moderni
lo spettacolo più divertente	gli spettacoli più divertenti
la giovane turista inglese	le giovani turiste inglesi
l'unica soluzione possibile	le uniche soluzioni possibili

Words ending in **–e** in the singular (**giovane, soluzione**, etc.) have **–i** in the plural, even when they are feminine. All nouns ending in **–zione** and **–sione** are feminine.

Nouns and adjectives ending in **–co** insert **h** in the plural if they are stressed like **Roma**: l'arco antico (*the ancient arch*) – gli archi antichi, but not if they are stressed like **Napoli**: un medico simpatico (*a nice doctor*) i medici simpatici; romantico, romantici; sarcastico, sarcastici.

An important exception: l'amico, gli amici.

The feminine plural always has **h** to keep the 'k' sound: le amiche romantiche, simpatiche, etc.

The masculine **l'** (used before a vowel) and **lo** (used like **uno**) both have the plural **gli**:

l'altro negozio   (the other shop)   gli altri negozi
lo stesso posto   (the same place)   gli stessi posti

Quello (that) and **bello** (nice, good-looking) are similar to **il** etc:

quel posto   quell'uomo   quei ragazzi   quelle ragazze
un bel posto   un bell'uomo   i bei ragazzi   le belle ragazze

Also: quello spettacolo, quegli uomini (those men).

6 **Qualche** is always followed by the singular, but the meaning may be plural:

qualche volta   some time *or* sometimes
qualche amico   some friend *or* some friends
qualche incontro spiacevole   some unpleasant encounter(s)

7 Some words don't change in the plural:
  (i) those ending in a stressed vowel (**città** etc.):
      la comodità (*convenience*) le comodità
      la specialità romana (*the Roman speciality*) le specialità romane.
  (ii) many foreign words (mostly ending in a consonant):
      l'autobus, gli autobus; la radio, le radio;
      il bar, i bar; lo hippy, gli hippy.
      (Note the use of **lo, gli** before the foreign 'h' sound!)

  Note also: **la mano** (the hand) **le mani**

8 Possessives
  il mio biglietto   my ticket   i miei genitori   my parents
  il tuo indirizzo   your address   i tuoi studenti   your students
  il Suo medico   your doctor   i Suoi biglietti   your tickets
  il nostro amico   our friend   i nostri amici   our friends
  il vostro treno   your train   i vostri figli   your children
  il loro negozio   their shop   i loro fratelli   their brothers (and sisters)

Il mio, i miei, etc. are used before *masculine* words. Before *feminine* words different forms are used:

la mia	(tua, Sua, nostra, vostra, loro)	amica	my (etc.)	friend
		valigia		case
le mie	(tue, Sue, nostre, vostre, loro)	amiche	my (etc.)	friends
		valigie		cases

Loro *never* changes.

(**Figli** can be 'sons *and* daughters' and **fratelli** can be 'brothers *and* sisters'. Similarly **ragazzi** can be 'boys *and* girls'.)

The article (**il**, **la**) is dropped before singular words indicating family relationships:

mia moglie *my wife* **tuo marito** *your husband* **nostro figlio** *our son*

but never before **loro**: **la loro figlia** *their daughter*

and never in the plural: **i miei genitori** *my parents*; **le nostre mogli** *our wives*

Vostro etc. is used to talk to more than one person:

Ragazzi, dove sono i vostri genitori?

Tuo etc. is used to a friend, a colleague, a relation or a child:

Giorgio, dov'è tuo padre?

Suo etc. is used to a person you don't know very well:

Questa è la Sua valigia, signore?

Suo etc. also means *his, her, its* or *one's* according to the context:

sua moglie *his wife* **il suo fidanzato** *her fiancé*

Ogni metodo ha i suoi vantaggi.   Each method has its advantages.

When **suo** means *your* we have used a capital letter (Suo, Sua, etc.) to avoid ambiguity. The same applies to **Lei, La, Le** which could otherwise be confused with the words for *she, her*, etc.

9 The prepositions **a**, **da**, **su**, **in** and **di** combine with the definite article (**il, l'** etc.):

	il	lo	l'	la		i	gli	le
a	al	allo	all'	alla	ai	agli	alle
da	dal	dallo	dall'	dalla	dai	dagli	dalle
su	sul	sullo	sull'	sulla	sui	sugli	sulle
in	nel	nello	nell'	nella	nei	negli	nelle
di	del	dello	dell'	della	dei	degli	delle

da una finestra all'altra — from one window to the other
lontano dalla mia casa — a long way from my house
È situato sul Tevere — It's situated on the Tiber
nel quartiere, nella strada — in the district, in the street

negli Stati Uniti	in the United States
nelle case moderne	in the modern houses
il rumore dei cortili	the noise of the courtyards
gli odori delle cucine degli altri	the smells of other people's kitchens

10 The infinitive is the form of the verb listed in the dictionary: **parlare, prendere, uscire** etc.

It is used after **devo** (I have to), **posso** (I can, may I), **voglio** (I want, I intend to) etc.

Non devo prendere l'autobus.	I don't have to take the bus.
Posso anche andare a piedi.	I can even walk.
Non voglio uscire stasera.	I don't want to go out this evening.

and after certain adjectives:

| È interessante vivere a Roma? | Is it interesting to live in Rome? |
| È difficile trovare un idraulico? | Is it difficult to find a plumber? |

Most **—ere** infinitives are stressed like **Napoli**: prendere, mettere, scendere, essere. But note: avere, vedere, dovere, potere, volere, sapere, tenere and mantenere.

11 Present tense of regular verbs (I speak, I am speaking etc.):

	parlare	prendere	sentire	capire
io	parlo	prendo	sento	capisco
tu	parli	prendi	senti	capisci
Lei, lui, lei	parla	prende	sente	capisce
noi	parliamo	prendiamo	sentiamo	capiamo
voi	parlate	prendete	sentite	capite
loro	parlano	prendono	sentono	capiscono

(Note the stress in the **loro** forms).

Most **—ire** verbs are like **capire** (i.e. they have **—isc—** in the **io, tu, lui** and **loro** forms). Some important verbs following the **sentire** pattern are: **dormire** (to sleep), **aprire** (to open), **coprire** (to cover), **scoprire** (to discover), **soffrire** (to suffer), **divertire** (to amuse), **servire** (to serve), **seguire** (to follow).

The subject pronouns (**io, tu, noi** etc.) are used for emphasis and contrast:

| Noi parliamo tedesco e lui, francese. | *We* speak German and *he* speaks French. |
| Anch'io capisco. Anche Lei? | *I* understand as well. *You* too? |

The **Lei** form is used like **Suo**, the **tu** form like **tuo** and the **voi** form like **vostro**. (Section 8).

The present tense is often used for the immediate future (I'll speak etc.):

| Prendo un caffè! | I'll have a coffee! |

12 The Perfect

Ho parlato: I've spoken.

Non ho pagato: I haven't paid.

Abbiamo comprato qualcosa.

Avete dormito bene?

Hai capito? Have you understood?

Non hai sentito? Haven't you heard?

We've bought something.

Have you slept well?

Regular —are and —ire verbs form their past participles by changing —re to —to (**comprare, comprato; capire, capito**). Past participles are used with **ho, hai, ha** etc. to form the perfect.

There is no single rule for making the past participles of —**ere** verbs. They are dealt with in the course.

13 Reflexive verbs

chiamarsi	mettersi	divertirsi
(to be called)	(to put on)	(to enjoy oneself)
mi chiamo	mi metto	mi diverto
ti chiami	ti metti	ti diverti
si chiama	si mette	si diverte
ci chiamiamo	ci mettiamo	ci divertiamo
vi chiamate	vi mettete	vi divertite
si chiamano	si mettono	si divertono

Reflexive verbs are the same as the ordinary verbs (section 11) except for the addition of **mi, ti, si** etc.

(Note that the infinitives, instead of ending in —**are**, —**ere**, —**ire**, end in —**arsi**, —**ersi**, —**irsi**)

14 Notice the similarities in this group:

stare:	sto, stai, sta;	stiamo, state, stanno
dare:	do, dai, dà;	diamo, date, danno
sapere:	so, sai, sa;	sappiamo, sapete, sanno
avere:	ho, hai, ha;	abbiamo, avete, hanno
andare:	vado, vai, va;	andiamo, andate, vanno
fare:	faccio, fai, fa;	facciamo, fate, fanno

15 Some more irregular verbs:

essere:	sono, sei, è; siamo, siete, sono
dovere:	devo, devi, deve; dobbiamo, dovete, devono
potere:	posso, puoi, può; possiamo, potete, possono
volere:	voglio, vuoi, vuole; vogliamo, volete, vogliono
bere:	bevo, bevi, beve; beviamo, bevete, bevono

dire: dico, dici, dice; diciamo, dite, dicono
uscire: esco, esci, esce; usciamo, uscite, escono
venire: vengo, vieni, viene; veniamo, venite, vengono
tenere: tengo, tieni, tiene; teniamo, tenete, tengono

16 Dov'è il biglietto?   Dov'è la valigia?   (Where's the . . .).
   Non lo vedo.   Non la vedo   (I don't see it).
   Non posso trovarlo.   Non posso trovarla   (I can't find it).
   Eccolo qua!   Eccola qua!   (Here it is!).
   Dove sono i biglietti?   Dove sono le valigie?   (Where are the . . .).
   Non li vedo.   Non le vedo   (I don't see them).
   Non posso trovarli.   Non posso trovarle   (I can't find them).
   Eccoli là!   Eccole là!   (There they are!).

Lo, la also mean *him, her:*
   Dov'è Gino? Non lo vedo. Dov'è Anna? Non la vedo.

Lo, la, li, le usually come before the verb: (**lo vedo**) but can be attached to infinitives: **trovarlo, trovarli** etc. and to **ecco.**

Ecco is used for pointing things out. It means *here is/are, there is/are,* according to the context. **Qua (qui)** or **là (lì)** can be added to make it more exact.

17 **Mi, ti, ci, vi** and **La** (you) behave in the same way as **lo, la, li, le:**
   Tu mi aspetti, vero?   You're waiting for me, aren't you?
   No, io non ti aspetto.   No, I'm not waiting for you.
   Lei mi conosce, vero?   You know me, don't you?
   Mi dispiace, ma non La conosco. I'm sorry, but I don't know you.
   Dovete aiutarci!   You must help us!
   Non è possibile aiutarvi!   It's not possible to help you!
   Dove sei? – Eccomi qua!   Where are you? – Here I am!

18 The indirect forms: **Le, gli, le** and **gli** (or **loro**) are used for people, with verbs like **dare, dire, scrivere, comprare** and **telefonare:**

Non	Le	danno	niente	They don't	give	you	anything.
	gli					him	
	le	dicono			tell	her	
	gli	comprano			buy	them	

Gli in the plural can be used for males *and* females. It can be replaced by **loro**, which must follow the verb:

    Telefoni ai ragazzi ? Sì, gli telefono *or* Sì, telefono loro
    Scrivi alle ragazze ? Sì, gli scrivo *or* Sì, scrivo loro

Gli is much more common than **loro** in spoken Italian.

19 Ci

Vai a Roma ? Sì, ci vado.	Are you going to Rome ? Yes, I'm going (there).
Cosa metti nella valigia ? Ci metto i miei vestiti.	What are you putting in the case ? I'm putting my clothes in it.

Ci can refer to destinations (**a Roma**) or places (**nella valigia**).

Ne

Cosa pensi di questo libro ? Cosa **ne** pensi ?	What do you think of this book ? What do you think of it ?
Avete parlato di questo ? Sì, **ne** abbiamo già parlato.	Have you talked about this ? Yes, we've already talked about it.

Ne is also used to answer questions beginning **Quanto**...., **Quanti**...:

Quanti figli hai ? **Ne** ho tre.	How many children have you ? I've got three (of them).

This **ne** cannot be omitted in Italian.

Lo

Sai il mio indirizzo ? Sì, lo so.	Do you know my address ? Yes, I know it.
Giorgio è in America. Lo so.	Giorgio's in America. I know.
Dov'è Giulia ? Non lo so.	Where's Giulia ? I don't know.

Note that **lo** is used with **sapere** even when there is no definite object.

20

C'è una lettera per **me** ?	Is there a letter for me ?
Posso venire con **te** ? (con **Lei** ? con **voi** ?)	Can I come with you ?
Abito vicino a **lui**.	I live near him.
intorno a **noi**	around us
lontano da **loro**	far from them

Apart from **me** and **te**, the pronouns used after **con, per, vicino a**, etc. are identical with the subject pronouns given in Section 11.

21

Non conosco **nessuno**.	I don't know anybody.
Non facciamo **niente**.	We're not doing anything.

Non ci vado **mai.**   I never go there.

Non is always used before the verb when it is followed by **nessuno, niente** or **mai.**

22 ad, ed

Giorgio ed Elena vanno ad Amalfi.   Giorgio and Elena are going to
                                       Amalfi.

Ad is generally used instead of **a** when the next word begins with **a** (**ad Amalfi**) and **ed** is used instead of **e** when the following word begins with **e** (**ed Elena**). **Ad** and **ed** are sometimes used before other vowels:

fino ad oggi   until today
Elena ed io   Elena and I

23 I giorni della settimana:

lunedì	Monday	sabato	Saturday
martedì	Tuesday	domenica	Sunday
mercoledì	Wednesday	ieri	yesterday
giovedì	Thursday	oggi	today
venerdì	Friday	domani	tomorrow

The Italian week begins with **lunedì**. The names of the days are generally written with small letters.

Ci vado domenica.   I'm going there on Sunday.
La vedo mercoledì.   I'm seeing her on Wednesday.

24 I mesi dell'anno

Names of months are usually written with a small letter:

gennaio	aprile	luglio	ottobre
febbraio	maggio	agosto	novembre
marzo	giugno	settembre	dicembre

25 I numeri

1 uno	1st il primo		6 sei	6th il sesto
2 due	2nd il secondo		7 sette	7th il settimo
3 tre	3rd il terzo		8 otto	8th l'ottavo
4 quattro	4th il quarto		9 nove	9th il nono
5 cinque	5th il quinto		10 dieci	10th il decimo

The ordinal numbers (il primo, il secondo, etc.) are adjectives:

le prime lezioni	*the first lessons*		la terza fermata	*the third stop*
11 undici	17 diciassette	23 ventitrè		
12 dodici	18 diciotto	28 ventotto		
13 tredici	19 diciannove	30 trenta		
14 quattordici	20 venti	31 trentuno		
15 quindici	21 ventuno	33 trentatrè		
16 sedici	22 ventidue	38 trentotto		

40 quaranta	60 sessanta	80 ottanta
50 cinquanta	70 settanta	90 novanta

Note the written accent in **ventitrè, trentatrè, settantatrè,** etc. and the omission of **i** and **o** in **ventotto, trentotto, ottantotto,** etc.

100, 200, 300 . . . are **cento, duecento, trecento,** etc.

1000, 2000, 3000 . . . are **mille, duemila, tremila,** etc.

Cento and **mille** are used without **un. Cento** doesn't change but **mille** has the plural form **—mila.**

Compound numbers are written as one word:

593 cinquecentonovantatrè

1848 milleottocentoquarantotto

Un milione (plural: **milioni**) is a noun and is connected to a following noun by **di:**

un milione di sterline	a million pounds (sterling)
circa tre milioni di abitanti	about three million inhabitants

Ordinals from the *eleventh* onwards end in **—esimo.**

l'undicesimo	il diciottesimo	il quarantesimo	il centesimo
Pio Dodicesimo.		Pius XII.	
Giovanni Ventitreesimo.		John XXIII.	

Ordinals are not used in dates, with the exception of primo:

Arrivano il primo maggio.	They are arriving on May 1st.
Partono il due giugno.	They are leaving on June 2nd.
Tornano il ventun luglio.	They are coming back on July 21st.

And to ask what day of the month it is you say:

Quanti ne abbiamo oggi?

to which the answer might be:

Oggi ne abbiamo due, tre . . . trentuno.

APPENDIX

I   Irregular Verbs

Here are some irregular verbs which occur in the interviews and are not given in the Revision Section. Only the present tense is given as the imperfect, future and conditional are dealt with in Lessons 9, 12, 13 and 16 and the past participles are given in the Vocabulary.

comporre: compongo, componi... *like* porre (*see below*)
condurre: conduco, conduci... *like* ridurre (*see below*)
mantenere: mantengo, mantieni... *like* tenere (Revision p. 202)
morire: muoro, muori, muore; moriamo, morite, muoiono
porre: pongo, poni, pone; poniamo, ponete, pongono
ridurre: riduco, riduci, riduce; riduciamo, riducete, riducono
riuscire: riesco, riesci...   *like* uscire (Revision p. 202)
salire: salgo, sali, sale; saliamo, salite, salgono
scegliere: scelgo, scegli, sceglie; scegliamo, scegliete, scelgono

II   A few notes on the Subjunctive

The **noi** form of the present subjunctive is exactly the same as that of the ordinary present:

siamo abbiamo facciamo parliamo prendiamo usciamo

The **voi** form is obtained by changing —**mo** to —**te**:

siate abbiate facciate parliate prendiate usciate
Non credo che abbiate perso tutto.   I don't believe you've lost everything.
Non è che siate così poveri !   You're not *that* poor !

Like the present subjunctive, the past subjunctive is also used after **pensare, credere, sembrare**, etc:

Non penso		I don't think	
	che lo sapessero.		they knew.
Credevo		I thought	

The subjunctive is used after expressions like **È possibile che ... Non c'è dubbio che ...**

È possibile che non lo sappiano   It's possible they don't know.
Non c'è dubbio che siano partiti.   There's no doubt that they've left.

Notice particularly how it is used with **volere**:

Lui non vuole che tu lo faccia oggi.   He doesn't want you to do it today.
Vogliono che io ci vada domani.   They want me to go there tomorrow.
Non volevo che mi disturbassero.   I didn't want them to disturb me.

It is also used after **prima che** (before), **chiunque** (whoever), **qualunque** (whatever):

Diglielo prima che se ne vada.   Tell him before he leaves.

dovunque si vada   wherever one goes

qualunque pianta che abbia la buccia staccata dal tronco è destinata a
morire (chapter 16 page 142).

III   The 'Past Definite' (I went etc.)

Here are a few notes to help you recognise this tense:

	andare	uscire	potere	essere
io	andai	uscii	potei	fui
tu	andasti	uscisti	potesti	fosti
lui	andò	uscì	potè	fu
noi	andammo	uscimmo	potemmo	fummo
voi	andaste	usciste	poteste	foste
loro	andarono	uscirono	poterono	furono

Many Italians use the past definite instead of the perfect to tell a story or to
talk about events that took place at a specific time.

Instead of saying:	They say:
Ci sono andato due anni fa.	Ci andai due anni fa.
Anna è tornata nel '71.	Anna tornò nel '71.
Siamo usciti verso le 9 ieri sera.	Uscimmo verso le 9 ieri sera.
Non ci son potuto andare domenica.	Non ci potei andare domenica.
La mia prima visita in Inghilterra è stata nel 1949.	La mia prima visita in Inghilterra fu nel 1949.

Most —are and —ire verbs form their past definites like **andare** and **uscire**.
Like **potere** is **ripetere (ripetei, ripetemmo)**; but other —ere verbs have the
io, lui and loro endings —**etti**, —**ette**, —**ettero**:

	io	lui	loro	noi	tu	voi
dovere:	dovetti	dovette	dovettero	dovemmo	dovesti	doveste
vendere:	vendetti	vendette	vendettero	vendemmo	vendesti	vendeste

Also:

stare:	stetti	stette	stettero	stemmo	stesti	stette

A number of common —ere verbs follow the regular **potere** pattern for their noi,
tu and voi forms, but have a different pattern for their io, lui and loro forms:

	io	lui	loro	noi	tu	voi
avere:	ebbi	ebbe	ebbero	avemmo	avesti	aveste
prendere:	presi	prese	presero	prendemmo	prendesti	prendeste
vincere:	vinsi	vinse	vinsero	vincemmo	vincesti	vinceste
vivere:	vissi	visse	vissero	vivemmo	vivesti	viveste

like **avere**:   **crescere (crebbi), conoscere (conobbi)**

like **prendere**:   most verbs with past participles in —**so** and —**sto**.

like **vincere**:   verbs in 15.3.

like **vivere**:   **scrivere** (scrissi), **leggere** (lessi), **dire** (dissi).

Some other common verbs with irregular past definites are **vedere** (vidi), **mettere** (misi), **scegliere** (scelsi), **togliere** (tolsi), **perdere** (persi), **nascere** (nacqui), **sapere** (seppi), **venire** (venni), and **dare** (diedi *or* detti; demmo, desti, deste).

The Italian name for the past definite is **il Passato Remoto** as it tends to be used for events more remote in time than those described by the perfect (**il Passato Prossimo**). You will hear the past definite quite a lot in the speech of central and southern Italians.

In the North of Italy it is practically never heard in conversation and it is certainly possible to do without it altogether, as you can see from these interviews. The past definite is very much alive in writing of all sorts, from newspapers to novels and history books. Here is our potted biography of Verga (Lesson 6, page 56) as you would normally find it in print:

Giovani Verga nacque a Catania nel 1840. Visse a Catania per 26 anni. Nel 1866 andò a Firenze, dove scrisse il suo primo romanzo 'Una Peccatrice'. Poi, nel 1871 andò a Milano e visse (abitò, stette, rimase) lì per alcuni anni. Nel 1876 scrisse la novella 'Cavalleria Rusticana', che più tardi ebbe molto successo come opera lirica.

Nel 1881 fu pubblicato il suo romanzo più famoso 'I Malavoglia', che non ebbe molto successo. Andò a Roma nel 1884 e nel 1889 tornò a Milano, dove scrisse 'Mastro Don Gesualdo'. Nel 1896 tornò a Catania, dove morì nel 1922.

Chi disse 'Venni, vidi, vinsi'?

(Giulio Cesare)

VOCABULARY

* Verbs with one asterisk make their perfect with **essere**.
Verbs with two asterisks have perfects with **avere and **essere**.
Bold type indicates where the stress falls in each word.
The meanings given are mainly those which occur in the interviews so you may also find it useful to have a dictionary.

A

a (ad) *to, at*
abbandonare *to abandon*
abbastanza *fairly; enough*
abbondante *abundant*
un abbozzo *sketch*
un abitante *inhabitant*
abitare *to live*
abituato *used, accustomed*
un'abitudine *habit*
un accanimento *fury, rage*
accanto *near, close by*
gli accessori *accessories*
accettare *to accept*
un'acciuga *anchovy*
accompagnare *to accompany*
accudire *to attend, look after*
    alle faccende domestiche *to attend to domestic matters*
un'acqua *water*
adattarsi* *to adapt oneself*
addentro *well informed*
addirittura *downright, actually*
adesso *now*
un adoratore *worshipper, admirer*
adottare *to adopt*
affaticare *to tire, burden*
affatto *not at all*
afferrare *to grasp, understand*
un'affinità *affinity*
affollarsi* *to crowd*
aggiungere (aggiunto) *to add*
un'aggressività *aggressiveness*
aggressivo *aggressive*
agio: a mio . . . *at my ease*
un ago *needle*
agosto *August*
aiutare *to help*
un albergo *hotel*
alcuni,—e *some*
al di fuori *outside*
alimentare *alimentary, eating*
allegro *cheerful, lively*
un allenatore *trainer*
allora *and so, then, well then*
almeno *at least*
alto *high; tall*

altrimenti *otherwise*
altro *other*
altro! *certainly!*
un alunno *pupil*
alzarsi* *to get up*
un amante *lover*
amare *to love*
un amaro *bitter taste*
un ambiente *atmosphere, surroundings*
un'amicizia *friendship*
un amico *friend*
ammettere (ammesso) *to admit*
ammirare *to admire*
anche *also, even*
ancora *still, yet*
andare* *to go*
andarsene* *to go (off), leave*
un angolo *corner*
un'anima *soul*
un animale *animal*
un animo *mind, spirit*
un anniversario *anniversary*
un anno *year*
un'ansia *anxiety*
ansioso *anxious*
un antenato *ancestor*
antico *ancient, very old*
antipatico *unpleasant, disagreeable*
anzi *in fact; on the contrary*
un anziano *senior, old person*
aperto *open*
    all'aperto *in the open air*
apparire* (apparso) *to appear*
un appartamento *flat*
appassionato(di) *very fond (of)*
appassito *withered*
appena *hardly, just*
appeso (a) *hanging (on)*
apprezzare *to appreciate*
appunto *precisely, exactly*
aprire (aperto) *to open*
un architetto *architect*
l'arco *arch*
l'Arco di Costantino *Arch of Constantine*
argentino *Argentinian*
un'aria *air*
    darsi arie *to give oneself airs*
aristocratico *aristocratic*
arrabbiarsi* *to get angry*
arrabbiato *angry*
un'arrabbiatura *upset, frustration*
arrivare* *to arrive, reach*
un'arte *art*
artigianale *artisan*
un artigiano *craftsman*
un artista *artist*
un ascensore *lift*

asciugare *to dry*
asfaltato *asphalt*
un asino *donkey; stupid person*
un aspetto *aspect*
assaggiare *to taste*
un assaggiatore *(wine) taster*
un assaggio *tasting*
assalire *to attack, assail, accost*
assicurare *to assure*
assieme *together*
assistere a (assistito) *to be present at, attend*
un asso *champion, ace*
un'associazione *association*
assoggettarsi* *to submit (oneself)*
assolutamente *absolutely*
assomigliare** *to resemble*
un'atmosfera *atmosphere*
un attacco *attack*
un atteggiamento *attitude*
attendere (atteso) *to await*
attento *attentive, careful*
un'attenzione *attention*
un attimo *instant, moment*
un'attività *activity*
un attore *actor*
attraverso *through; across*
un'attrice *actress*
augurarsi* *to wish*
un aumento *increase, rise*
un autobus *bus*
un'autocritica *self criticism*
un'automobile *car*
un automobilista *car driver*
un'autonomia *autonomy*
un autunno *Autumn*
avanti *forward; come in!*
avere (avuto) *to have*
aver bisogno di *to need*
aver fretta *to be in a hurry*
aver paura *to be afraid*
aver ragione *to be right*
avvenire* (avvenuto) *to happen*
un'avventura *adventure*
un avvocato *lawyer*
un'azienda *firm*
un'azione *action*

B
baciare *to kiss*
ballare *to dance*
il ballerino *dancer*
il bambino *little boy, baby*
la bambola *doll*
la baracchetta *small hut*
il basilico *basil*
basso *low, short*
(in) bassorilievo *(in) low relief*

basta *it's enough; that's all, enough*
la batteria *drums*
il batterista *drummer*
beh *well...*
la bellezza *beauty*
bello *nice, good-looking*
bene *well; good!*
il beneficio *living, benefice*
bere (bevuto) *to drink*
bestemmiare *to blaspheme*
la bestia *animal*
bianco *white*
il bicchiere *glass*
il bicchiere da assaggio *glass for wine tasting*
il bicchiere a calice *goblet*
la bicicletta *bicycle*
in bicicletta *by bicycle, on bicycles*
bisogna *it is necessary*
il bisogno *need*
avere bisogno di *to need*
c'è bisogno *there is (a) need...*
la bistecca *steak*
bizzarro *odd, bizarre*
bloccare *to block, close*
il blocchetto (and il block-notes) *note-pad*
blu *(dark) blue*
la bocca *mouth*
bollire *to boil*
la bombetta *bowler hat*
borghese *middle class*
la borsa *bag, briefcase*
il borsello *man's handbag*
la borsettina *little handbag*
il borsetto *man's handbag*
la borsa di studio *scholarship*
la botte *barrel*
bravino *pretty good*
bravo *good*
breve *brief*
il brio *vivacity*
il bronzo *bronze*
brutto *nasty, ugly, bad*
la buccia *bark, peel*
i buoi (s. bue) *oxen*
buono *good*
bussare *to knock*
buttare *to throw*

C
cacciare *to chase*
il calcio *football*
il caldo *heat*
la calma *calm, peace*
la calza *sock, stocking*
i calzoni *trousers*
cambiare** *to change*
cambiato *changed*
la camicia *nightdress; shirt*
camminare *to walk; go along, advance*

il cammino *path*
la campagna *country*
    in campagna *in/to the country*
il campeggio *campsite*
il campionato *championship*
il campo *ground, field*
il cane *dog*
il/la cantante *singer*
  cantare *to sing*
la cantina *wine cellar*
la canzone *song*
la canzoncina *child's song*
il caos *chaos*
  caotico *chaotic*
  i capelli *hair*
il capellone *long-haired man, 'hippy'*
  capire *to understand*
la capitale *capital (city)*
  capitare* *to happen*
il capitolo *chapter*
il capo *article, item*
il capolavoro *masterpiece*
la caramella *sweet*
la caratteristica *characteristic*
  carico (di) *loaded (with)*
  carino *pretty*
la carne *meat*
la carriera *career*
la carrozza *carriage*
la carta *paper*
le carte *cards*
il cartello *notice, poster*
il cartoccio *paper bag*
la casa *house, flat*
la casa cinematografica *film company*
la casalinga *housewife*
  casalingo *domestic*
la cassa *trunk*
  cattivo *bad*
la cava *quarry*
il cavallo *horse*
    a cavallo *on horseback*
  cedere (ceduto) *to yield, give way*
  cedevole *yielding; accommodating*
il cemento *cement*
la cena *dinner, supper*
il cenno *sign, hint*
  cento *hundred*
    (a) centinaia *(in) hundreds*
il centro *centre*
    in (al) centro *in the centre*
  cerca: in . . . di *in search of*
  cercare *to try; look (for)*
la cerimonia *ceremony*
  certamente *certainly*
  certo *certain, certainly*
  che *what; that, who, which*
    che cosa? *what?*
    che cos'altro *what else*
  chiacchierare *to chat*
la chiacchierata *chat*

  chiamare *to call, 'phone*
  chiamarsi* *to be called*
  chiaramente *clearly*
lo chic *elegance*
  chiedere (chiesto) *to ask*
la chiesa *church*
il chilo *kilogram*
il chilometro *kilometre*
la chitarra *guitar*
  chiudere (chiuso) *to shut*
  chiuso *closed, reserved*
il cibo *food*
il cigno *swan*
la cima *top*
il cinema *cinema*
  cioè *that is*
    cioè a dire *that's to say*
  circa *about*
  circondare *to surround*
la città *city*
il cittadino *citizen*
la classe *class*
  classico *classical*
il clima *climate*
il/la collega *colleague*
il collegio *boarding school*
la collina *hill*
  colpire *to strike, impress*
  coltivare *to cultivate, grow*
  combinare *to do, get up to*
  come *like, as, how*
    com'è *as it is*
    come mai? *why (on earth)?, how (on earth)?*
  comico *comic*
  cominciare** *to start*
  commettere (commesso) *to commit*
il commissario tecnico *team manager*
la comodità *convenience, comfort*
  comodo *convenient*
il compagno *friend, companion*
la comparsa *(film) extra*
il compito *task; set work (usually homework)*
  complesso *complex*
  comporre (composto) *to compose*
  comportarsi* *to behave*
  comprare *to buy*
  comprarsi* *to buy (for oneself)*
  comunale *civic, municipal*
il Comune *Town Hall, Municipal Authorities*
  comune *common*
  comunicare *to communicate*
la comunicativa *communication*
la comunicazione *communication*
  comunque *however, at any rate*
  con *with*
  concepire *to conceive, imagine*
il concorso *competition, competitive exam.*
  condire *to season*
la condizione *condition*

confacente *suitable*
il confronto *comparison*
nei confronti di *in comparison with*
coniugale *conjugal, married*
conoscere (conosciuto) *to know*
conosciuto *(well) known*
la conquista *conquest*
considerare *to consider*
consistere* (consistito) *to consist*
il consuntivo *balance, survey*
il contadino *peasant, small farmer*
contento *happy, pleased*
continuamente *continually*
continuare *to continue*
continuo *continuous*
il contrario *opposite*
contribuire *to contribute*
il contributo *contribution*
convenire* *to suit*
il convento *convent, monastery*
conversare *to converse*
la conversazione *conversation*
convinto *convinced*
convulso *convulsed, agitated*
il coraggio *courage, audacity*
coraggioso *brave*
la cordialità *cordiality*
il coro *chorus*
il corredo *trousseau, bottom drawer*
il corso *course*
la cortesia *politeness*
   per cortesia *please*
il cortile *courtyard*
corto *short*
la cosa *thing*
cosa *what*
   cos'altro *what else*
così *so, as*
cosiddetto *so called*
cosparso (di) *covered (with)*
costante *constant*
costretto (a) *obliged (to)*
costringere (costretto) *to force*
la costruzione *construction*
creare *to create*
un creatore *creator, designer*
credere (creduto) *to believe*
crescere* (cresciuto) *to grow*
criticato *criticized*
crudo *raw*
cucinare *to cook*
la cucina *kitchen; cooking; cooker*
la cucinetta *small cooker*
cucire *to sew*
la cugina *female cousin*
il cugino *male cousin*
cui
   per cui *and so*
   in cui *in which*
culturale *cultural*
il cuore *heart*

curare *to look after*
curioso *curious*

D
da *from; since; for; by; as*
daccapo *from the beginning*
d'accordo *agreed, in agreement*
d'altronde *besides, anyway*
dappertutto *everywhere*
dare *to give*
   dare fastidio *to annoy, be in the way*
   dare un esame *to sit an exam*
   darsi arie *to give oneself airs*
la data *date*
davanti (a) *in front (of)*
decidere (deciso) *to decide*
la decina *about 10, 10 or so*
dedicare *to dedicate*
dedicarsi* *to devote oneself*
definitivo *definitive, final*
degno *worthy*
degustare *to taste*
la delusione *disappointment*
il dentifricio *toothpaste*
dentro *inside*
descrivere (descritto) *to describe*
deserto *deserted*
desiderare *to want*
destinato *destined*
il detto *saying*
di *of, about*
il dialetto *dialect*
dietro *behind*
difatti *in fact*
difendersi* *to defend oneself*
il difetto *defect*
difficile *difficult*
dignitoso *dignified*
dimagrire* *to slim*
la dimensione *dimension*
dimenticare (di) *to forget*
dimenticarsi* *to forget*
diminuire* *to reduce*
il dipendente *dependant, employee*
dipendere (da)* (dipeso) *to depend (on)*
dire (detto) *to say*
   direi *I'd say*
direttamente *directly*
il dirigente *manager, director*
il disagio *uneasiness, discomfort*
il disastro *disaster*
disciplinato *disciplined*
il disco *record*
il discorso *talk, conversation*
discutere (discusso) *to talk, discuss*
disegnare *to draw*
il disegno *drawing, design*
la disgrazia *misfortune*
disincantato *disenchanted*
la disinvoltura *easy manner*

disordinato *disorganized*
il disordine *disorder*
disposto *disposed, inclined*
il disprezzo *contempt*
la distanza *distance*
la distesa *expanse*
distribuire *to distribute*
distruggere (distrutto) *to destroy*
il dito (*pl.* le dita) *finger*
diventare* *to become*
diverso *different*
    diversi,–e *various, different*
divertente *amusing*
il divertimento *enjoyment*
dividersi* *to divide among themselves*
il divieto *prohibition*
    divieto di sosta *no parking*
la divisione *division*
dolcemente *sweetly, softly*
domandare *to ask*
domani *tomorrow*
la domenica *Sunday*
la domestica *domestic help*
domestico *domestic*
dondolare *to swing*
la donna *woman*
dopo *after*
dorato *browned*
la dote *quality*
dotto *learned*
dove *where*
    dov'è... *where is...*
dovere (dovuto) *to have to*
dovunque *everywhere, anywhere*
    dovunque si vada *wherever one goes*
drammatico *dramatic*
dunque *well...*
durante *during*
durare* *to last*

E
e (ed) *and*
un eccesso *excess*
eccezionale *exceptional*
un'eccezione *exception*
ecco *here, here is, there is (are); you see; that's it!*
Edimburgo *Edinburgh*
un'educazione *upbringing*
un effetto *effect*
    in effetti *in actual fact*
effettivamente *in reality*
egli *he*
egoista *selfish*
eguale *equal; same*
elementare *elementary*
la scuola elementare *primary school*
eliminare *to eliminate*
un emigrante *immigrant*

enorme *enormous*
entrambi *both*
entrare* *to go in*
entro *within*
un entusiasmo *enthusiasm*
un episodio *episode*
un'epoca *era, epoch*
un errore *mistake*
un esame *examination*
esattamente *exactly*
esatto *exact, exactly*
escludere (escluso) *to exclude*
esclusivamente *exclusively*
eseguire *to carry out*
un esempio *example*
    per esempio *for example*
un esemplare *model*
esistere* *to exist*
un'esitazione *hesitation*
un'esperienza *experience*
un esperimento *experiment*
un esponente *exponent*
essenziale *essential*
essere* (stato) *to be*
un essere *being*
un essere umano *human being*
un'estate *Summer*
    d'estate *in Summer*
estero: all'... *abroad*
estetico *aesthetic*
estremo *extreme*
un'età *age*
un ettaro *hectare (2·471 acres)*
europeo *European*
eventualmente *possibly*
evidentemente *evidently, obviously*

F
fa *ago*
la fabbrica *factory*
la faccenda *matter*
la faccia *face*
    faccia a faccia *face to face*
facile *easy*
il falegname *carpenter*
la fame *hunger*
la famiglia *family*
familiare *familiar; (of the) family*
famoso *famous*
il fanatismo *fanaticism*
la fanciulla *girl*
fare (fatto) *to do, make*
    fare bene *to do good*
    fare caso (a) *to pay attention, notice*
    fa freddo *it's cold*
    fare il proprio comodo *to do as one pleases*
    fare la spesa *to do the shopping*
    fare male *to do harm*

fare parte *to form part*
fare piacere *to give pleasure*
il fascino *fascination*
il fastidio *disturbance, annoyance*
     dare fastidio *to annoy, irritate*
faticare *to toil*
faticoso *exhausting, tiring*
il fatto *fact*
la favola *fable, story*
febbraio *February*
fedele *faithful*
femminile *feminine, female*
fermare *to stop*
fermarsi* *to stop*
fermo *firm, motionless*
il ferro *iron*
la festa *party*
festeggiare *to celebrate*
la fettina *small slice*
fidanzarsi* *to get engaged*
il fidanzato *fiancé*
la figlia *daughter*
il figlio *son*
     i figli *children*
la figura *picture*
la fila *line, queue*
finchè *until*
la fine *end*
la finestra *window*
finire** *to finish*
fino a *until, as far as*
finora *up to now*
fin da *since, from*
la finta *pretence*
     per finta *pretending*
il fiorentino *Florentine*
Firenze *Florence*
fisso *fixed*
la foglia *leaf*
fondo: in . . . *basically*
la fontana *fountain*
la forma *form*
il formaggio *cheese*
formare *to form*
la formazione *formation*
formidabile *wonderful*
fornire *to provide*
il forno *oven*
il foro *forum*
il Foro Romano *The Roman Forum*
forse *perhaps*
forte *strong, pungent*
la fortuna *luck*
fortunato *lucky*
fortunoso *chancy, risky, lucky*
fra *among; between*
il francese *French*
la fraschetta *twig, small bough*
il frate *friar, monk*
il fratello *brother*
frattempo: nel . . . *in the meantime*

il freddo *cold*
frequentare *to attend*
frequentemente *frequently*
fresco *fresh*
la fretta *hurry*
friggere (fritto) *to fry*
la frotta *troop, crowd*
il frutto *fruit*
fuori *outside, away, out*
     al di fuori *outside*
     fuori mano *(in) out of the way (places)*
il futuro *future*
     in futuro *in the future*

G
il galante *'gallant', ladies' man*
la galleria *gallery*
la gamba *leg*
il gatto *cat*
la gavetta *mess-tin*
     venire dalla gavetta *to rise from the
          ranks*
la gelata *frost*
la gelosia *jealousy*
geloso *jealous*
gemello *twin*
generalmente *generally*
il genere *kind, species*
     in genere *in general*
geniale *clever, spirited, original*
la genialità *brilliance, touch of genius*
il genitore *parent*
gennaio *January*
la gente *people*
gentile *kind*
germogliare *to bud, sprout*
gettare *to throw*
già *already*
il Giappone *Japan*
il giapponese *Japanese*
giocare *to play*
giocare a carte *to play cards*
la gioia *joy*
il gioiello *jewel*
la giornata *day*
il giorno *day*
     tutti i giorni *every day*
giovane *young*
il/la giovane *young person*
il giovanotto *young man*
(il) giovedì *Thursday*
girare *to turn, rotate*
il giro *ride, tour*
     in giro (per) *around, on a tour (of)*
la gita *trip*
giù *down*
giudicare *to judge*
il giudizio *judgment*
giusto *right*
la gola *throat*

il golf *jumper*
la gradazione *degree (of alcohol)*
il gradino *step*
il grado *degree*
grande *big, great*
grasso *fat*
grattuggiato *grated*
gratuitamente *free*
il grido *cry*
il gruppo *group*
il guanciale *kind of bacon*
guardare *to look at*
guasto *out of order*
la guerra *war*
la guida *guide*
guidare *to guide; drive (a car)*
il guidatore *driver*
la guidatrice *woman driver*

I

un'idea *idea*
ideale *ideal*
un idraulico *plumber*
un imbarazzo *embarassment*
immaginare *to imagine*
immaginarsi* *to imagine to oneself*
s'immagini! *just imagine!*
immediatamente *immediately*
imparare *to learn*
impaurire *to frighten, intimidate*
impedire *to prevent*
impegnare *to engage*
impegnato *engaged; committed; busy*
imperare *to dominate*
implicare *to imply*
imporre (imposto) *to impose*
importare *to matter*
un'impraticità *impracticability*
impregnato *impregnated*
un'impressione *impression*
impugnare *to grip, wield*
incantato *enchanted*
incantevole *delightful*
un incentivo *incentive*
incominciare** *to start, begin*
incompleto *incomplete*
inconsueto *unusual*
incontrare *to meet*
un incontro *meeting*
indeciso *hesitant*
indietro *back(wards)*
indiscutibilmente *indisputably*
indubbiamente *undoubtedly*
industriale *industrial*
un industriale *industrialist*
un'industrializzazione *industrialisation*
infatti *in fact*
influenzare *to influence*
ingaggiare *to engage*

l'Inghilterra (f) *England*
ingiusto *wrong*
un inglese *Englishman*
ingolfarsi* *to become entangled, get snarled up*
ingranare *to put into gear*
un ingrediente *ingredient*
un ingresso *entrance*
iniziare *to start*
un'iniziativa *initiative*
un inizio *beginning*
all'inizio *at the beginning*
agli inizi *at the start*
inoltre *as well*
inquieto *restless, uneasy*
un insegnante *teacher*
insegnare *to teach*
inserirsi* *to insert oneself*
insieme *together*
un insieme *ensemble*
insomma *on the whole, in short, you know...*
intanto *meanwhile, first of all*
intelligente *intelligent*
intendere (inteso) *to mean*
intendersi* *to agree, to be agreed*
si intende *that goes without saying*
interdetto *speechless*
interessante *interesting*
interessare *to interest*
interessarsi*a *to be interested in*
interessato *interested, with an interest in*
un interesse *interest, concern*
intero *entire*
interpretare *to interpret*
interrompere (interrotto) *to interrupt*
un intervallo *interval*
intorno (a) *around*
un'invasione *invasion*
invece *but, on the contrary, on the other hand*
un inverno *Winter*
invidiare *to envy*
ironico *ironic*
iscriversi* *to enrol*
un'ispirazione *inspiration*
un istituto *institute*

L

là *there*
il laghetto *little lake, pond*
il lago *lake*
lamentarsi* *to complain*
la lana *wool*
lanciare *to launch*
il lancio *launching; throwing*
la lapide *stone slab, tablet*
la larghezza *width*
lasciare *to let, allow, leave*
latino *Latin*

il lato *side*
la laurea *university degree*
il laureato *university graduate*
lavare *to wash*
lavorare *to work*
il lavoro *work, job*
legato *bound, tied*
leggere (letto) *to read*
il legno *wood*
il lenzuolo (*pl.* le lenzuola) *sheet*
il letto *bed*
la lettura *reading*
la lezione *lesson*
lì *there*
liberamente *freely*
la liberazione *liberation*
libero *free*
il libro *book*
lieto *happy*
limitato *limited*
la linea *figure, line*
la linfa *sap*
la lingua *language*
il linguaggio *language*
liscio *smoothly*
il livello *level*
locale *local*
il/la londinese *Londoner*
Londra *London*
lontano *far away*
la luce *light*
i lungarni *the banks of the Arno, streets along the banks of the Arno*
lungo *long*
a lungo *for a long time*
per lungo *lengthways*
il luogo *place*
il luogotenente *lieutenant*
il lupo *wolf*

M

ma *but*
la macchina *car*
in macchina *by car*
la madre *mother*
magari *perhaps; though*
maggio *May*
la maglia *knitwear, jersey*
la maglieria *knitwear*
il maglione *(heavy) sweater*
magro *thin*
mai *never, ever*
malato *ill*
male *badly*
malgrado *in spite of*
la mamma *mother, mummy*
la mancanza *lack*
mancare** *to be lacking, missing*
mandare *to send*

il mandarino *mandarine orange*
mangiare *to eat*
la maniera *manner, way*
la mano *hand*
fuori mano *out of the way*
mantenere (mantenuto) *to maintain, support, keep up*
il marciapiede *pavement*
marginalmente *marginally*
il marito *husband*
il marmo *marble*
marzo *March*
mascherato *masked, in fancy dress*
il maschio *male*
la massaia *housewife*
il massimo *maximum*
al massimo *at (the) most*
il materiale *(building) material*
la matita *pencil*
la matricola *first-year university student, fresher*
matrimoniale *matrimonial, married*
il matrimonio *wedding*
il mattino *morning*
al mattino *in the morning*
il mattone *brick*
maturare *to mature*
maturo *mature*
la maxigonna *maxi-skirt*
la media *average*
in media *on an average*
mediterraneo *Mediterranean*
meglio *better*
o meglio *or rather*
la melanzana (melenzana) *egg-plant, aubergine*
la memoria *memory*
meno *less, least*
per lo meno *at least*
la mente *mind*
venire in mente a *to occur to*
mentre *while*
la menzogna *lie*
meravigliarsi* *to wonder, be surprised*
meraviglioso *marvellous*
il mercatino *market*
meridionale *southern*
il mese *month*
il metro *metre*
mettere (messo) *to put, put on*
mettersi* *to start; put oneself; put on*
mezzo *half*
in mezzo a *in the middle of*
il mezzo *means*
i mezzi di trasporto pubblici *public transport*
miagolante *mewing*
mica *not at all*
migliore *best*
il milione *million*
mille *a thousand*

il millennio *millennium*
la minigonna *mini skirt*
il minuto *minute*
mitico *mythical*
il mito *myth*
la moda *fashion*
il modello *model*
la moglie *wife*
moderno *modern*
modesto *modest*
il modo *way*
molisano *from Molise (a region of Italy)*
molto *very*
molto,–a *a lot of, much*
molti,–e *many*
il momento *moment*
il mondo *world*
montare* *to get (up) into*
il monumento *(historic) monument*
morire* (morto) *to die*
morto *dead*
il motivo *cause; tune*
il motociclista *motorcyclist*
il motto *motto*
il movimento *movement*
la mozzarella *mozzarella cheese (a kind of soft, white cheese made in Naples)*
la mula *mule*
la multa *fine*
muoiono (morire) *they die*
muovere (mosso) *to move*
muoversi* *to move*
il muro *wall*
la musica *music*
le mutande *underpants*

N

nascere* (nato) *to be born*
sono nato . . . *I was born . . .*
la nascita *birth*
la natura *nature*
la naturalezza *naturalness, ease*
naturalmente *naturally*
la nazione *nation*
nè *nor, neither*
neanche *not even*
la nebbia *fog*
necessario *necessary*
il negoziante *shopkeeper*
il negozio *shop*
nemmeno *not even, nor . . . either*
neppure *not even*
nero *black*
il nervosismo *nervousness*
nessun,–o,–a *no, (not) any*
nessuno *no one, none*
nevicare** *to snow*
niente *nothing, no*

la ninna nanna *lullaby*
noleggiare *to hire (out)*
non *not*
nonostante *in spite of*
il nord *North*
nordico *Nordic*
normale *normal*
la nostalgia *homesickness*
notevole *considerable*
nulla *nothing*
il numero *number*
nuovamente *again, once more*
nuovo *new*

O

o *or*
o . . . o *either . . . or*
un'oasi *oasis*
obiettivo *objective*
un'occasione *occasion, chance*
un occhio *eye*
occuparsi* (di) *to concern oneself (with)*
odiare *to hate*
un odore *smell*
un'offerta *offer*
offrire (offerto) *to offer*
oggi *today*
ogni *every*
ognuno *each one*
l'Olanda (f) *Holland*
un olio *oil*
un'oliva *olive*
un'oliveta *olive grove*
un olivo (ulivo) *olive tree*
oltre che *besides*
un ombrello *umbrella*
un'opera *work; opera*
un operaio *workman*
opinabile *controversial*
(un) opportunismo *opportunism*
oppure *or*
ora *now; well . . .*
un'ora *hour, time*
un orario *timetable*
ordinatamente *neatly*
un'ordinazione *order*
un orfano *orphan*
un'origine *origin*
ormai *now, by now*
ospitale *hospitable*
un'ospitalità *hospitality*
ospitare *to give hospitality to*
ossessionato *obsessed*
ossia *or rather*
ostacolare *to impede, hinder*
ottimo *excellent*
ottobre *October*
ovviamente *obviously*

P

la pace *peace*
pacificamente *pacifically*
il padre *father*
il padrone *owner*
il paesaggio *landscape, countryside*
il paesaggista *landscapist*
il paese *village, small town; country*
pagare *to pay*
il paio (*pl.* le paia) *pair*
il palazzo *palace; large house, block of flats*
il palcoscenico *stage*
il paletto *stake, post*
la pancetta *type of bacon*
il pane *bread*
il panorama *view*
i pantaloni *trousers*
il papa *daddy*
il Papa *Pope*
la papera *blunder, 'fluff', spoonerism*
il pappagallo *parrot; 'wolf'*
parcheggiare *to park*
il parcheggio *parking; car park*
il parco *park*
parecchio *very much, a lot*
il/la parente *relative*
parere* (parso) *to appear, seem*
pari: alla . . . *on a par, equal footing*
il parigino *Parisian*
la parità *equality*
parlare *to talk, speak*
la parola *word*
la parrocchia *parish*
il parrocchiano *parishioner*
il parroco *parish priest*
la parte *part*
   da parte *on the part of*
   d'altra parte *on the other hand*
   da questa parte *on this side*
   da nessuna parte *nowhere, anywhere*
particolare *particular*
partire* *to leave*
la partita *match*
passare** *to pass*
passeggiare *to walk*
la passeggiata *walk, trip*
il passo *step*
   cedere il passo *to give way*
il pastore *pastor, shepherd*
la patente *driving licence*
la patria *fatherland*
patriarcale *patriarchal*
la paura *fear*
paziente *patient*
pazzesco *crazy, mad, wild*
il pazzo *madman*
peccato *pity*
il pecorino *sheep's cheese*
la pedagogia *education*
il pedone *pedestrian*
il peggiore *worst, worse*

il pellegrino *pilgrim*
il pelo *hair*
pensare *to think*
la pensione *pension; guest house, small hotel*
   andare in pensione *to retire*
la pentolina *small saucepan*
il peperoncino *chilli*
per *in order to; for, through, on account of*
perchè *because; why*
perciò *and so, therefore*
percorrere (percorso) *to run through*
perdere (perso) *to lose*
il pericolo *danger*
pericoloso *dangerous*
la periferia *periphery*
   alla periferia *in the suburbs*
il periodo *period*
permettere (permesso) *to allow*
però *but, though, however*
perseguitare *to persecute*
la persona *person*
il personaggio *character (in a play), famous person*
la personalità *personality*
pesante *heavy*
il peso *weight*
pessimo *very bad*
il pezzo *piece*
il piacere *pleasure*
piacere* *to be pleasing*
piacevole *pleasing*
il piano *floor; plan; level, plane*
il pianoforte *piano*
la pianta *plant*
piantare *to plant*
il piatto *dish*
la piazza *square*
piazzare *to place*
piccolo *little, small*
il piede *foot*
   a piedi *on foot*
pieno *full*
la pietanza *dish*
la pietra *stone*
piovere** *to rain*
il pittore *painter*
più *more*
   di più *most, more*
   in più *more*
   più o meno *more or less*
piuttosto *rather, quite*
il pizzico *pinch*
un po' *a little*
un po' di tempo *a short time*
pochi, poche *few*
un pochino *a little*
un poco *a little*
poco *little, not very, un-*
la poesia *poetry, poem*
poi *then*

poichè *since, because*
la polemica *controversy, argument*
politico *political*
il pomeriggio *afternoon*
il pompiere *fireman*
il ponte *bridge*
popolare *popular, folk (of songs)*
la popolazione *population*
popoloso *populous*
porre (posto) *to place, set, put*
portare *to bring, carry; lead*
la posa *pose*
posare *to pose*
il possesso *possession*
la possibilità *possibility, chance*
il posto *place*
potere (potuto) *to be able to*
    potrei *I could*
il poveretto *poor man, poor chap*
povero *poor*
il pranzo *lunch*
praticamente *practically*
la praticità *practicability*
pratico *practical*
precisare *to make clear*
preciso: di ... *exactly*
preferire *to prefer*
pregare *to pray*
prendere (preso) *to catch, take, get*
preoccupare *to worry*
preoccuparsi* *to be anxious*
la preoccupazione *worry*
preparare *to prepare*
prepotente *overbearing, arrogant*
presentarsi* *to introduce oneself*
la presenza *presence*
presso *near, at*
il prestigio *prestige*
presto *early; soon*
presuntuoso *presumptuous*
prima (di) *before*
la prima (marcia) *first (gear)*
prima di tutto *first of all*
la primavera *Spring*
privato *private*
la probabilità *probability*
probabilmente *probably*
il problema *problem*
procurare *to cause*
la produzione *production*
la professione *profession*
il professionista *professional*
il profumo *bouquet (of wine); perfume*
il programma *programme*
pronto *ready*
    pronto! *hello! (on the phone)*
la proporzione *proportion*
proposito: a questo ... *on this subject*
il proprietario *owner*
proprio,—a *one's own*
proprio *really*

prossimo *next*
protestare *to protest*
la prova *rehearsal; evidence, proof*
provare *to try; feel; prove*
la provenienza *origin, source*
il proverbio *proverb*
la provincia *provinces*
psicologico *psychological*
pugliese *of Puglia (a region in Southern Italy)*
pulire *to clean*
pulito *clean*
pullulare *to swarm*
il punto *point*
    punto di vista *point of view*
puro *pure*
purtroppo *unfortunately*

Q
qua *here*
il quadrato *square*
qualche *some*
    qualche volta *sometimes*
qualcosa *something*
qualcuno *someone, anyone*
quale *which*
    qual è ... ? *what is ... ?*
il quale, la quale ... *who, which*
qualsiasi *any, whatever*
qualunque *any*
quando *when*
la quantità *quantity*
quanto,—a *how much*
quanti,—e *how many*
la quarantina *about 40 (years of age)*
il quartiere *district*
quarto *fourth*
il quarto *quarter*
    alle 10 e tre quarti *at a quarter to 11*
quasi *almost*
quello,—a *that*
    quelli,—e *those*
    quello che, quelli che ... *the one who, the ones who ...*
questo,—a *this*
    questi,—e *these*
qui *here*
quindi *therefore, and so*

R
raccogliere *to collect*
raccogliersi* *to gather*
raccontare *to tell*
la radice *root*
la radio *radio*

la radiocronaca *running commentary*
la ragazza *girl*
il ragazzo *boy, young man*
il raggio *radius*
raggiungere (raggiunto) *to reach, get to*
la ragione *reason*
rallentare *to slow down*
il rapporto *relation, report*
rappresentare *to represent*
raro *rare*
rasentare *to border upon, come close to*
rasserenare *to reassure*
rassomigliare* *to resemble*
reagire *to react*
reale *royal*
realista *realistic*
recitare *to act*
la reggia *royal palace*
regolare *regular*
regolarsi* *to behave, act*
remissivo *submissive*
rendere (reso) *to make; render*
la resistenza *resistance*
restare* *to remain, stay*
il resto *rest*
riattaccare *to reattach*
ribellarsi* *to rebel*
ribelle *rebellious*
ricamato *embroidered*
il ricamo *embroidery*
ricco (di) *rich (in)*
ricevere (ricevuto) *to receive*
richiedere (richiesto) *to require*
ricominciare *to start again*
riconoscere (riconosciuto) *to recognize*
ricordare *to remember*
ricordarsi* *to remember*
ridare *to give again*
ridicolo *ridiculous*
ridotto *reduced*
riempire *to fill up*
rifare *to do again*
il riferimento *reference*
riflesso *reflex; reflected*
riflettersi* (riflesso) *to be reflected*
rilassare *to relax*
rilassarsi* *to relax*
rimanere* (rimasto) *to remain*
rimproverare *to reproach*
rinascere* (rinato) *to be reborn*
rinfusa: alla . . . *higgledy piggledy*
rinunciare a *to renounce, give up, forego*
rionale *local, of the district*
ripetere (ripetuto) *to repeat*
  ripeto *as I say*
riposare *to rest*
risalire* *to go back*
la risata *burst of laughter*
il riscaldamento (centrale) *(central) heating*
riservare *to reserve*
risolvere (risolto) *to solve*

rispetto a *compared with*
rispondere (risposto) *to answer*
il risultato *result*
ritenere (ritenuto) *to consider*
il ritmo *rhythm*
ritornare* *to return*
il ritrattista *portrait painter*
il ritratto *portrait*
ritroso: a . . . *backwards*
ritrovare *to find again*
la riunione *meeting*
riunito *gathered*
riuscire* *to succeed, manage*
la rivista *review; magazine*
rivivere (rivissuto) *to relive*
rivolgersi* (rivolto) *to apply*
la roba *things, stuff*
romanista *a supporter of the Roma football team*
il rossetto *lipstick*
rosso *red*
rubare *to steal*
il rudere *ruin*
il rumore *sound, noise*
il ruolo *role*
il russo *Russian*

S
il sacco *bag*
un sacco di . . . *an awful lot of . . .*
sacro *sacred*
la sala *hall*
la salute *health*
il sangue *blood*
santo *saintly, holy*
sapere (saputo) *to know, find out*
sarcastico *sarcastic*
il sarto *dress designer, tailor*
sbagliare *to make a mistake*
lo sbaglio *mistake*
le scale *stairs*
lo scambio *exchange*
la scarpa *shoe*
scegliere (scelto) *to choose*
la scena *scene*
scendere* (sceso) *to go down; get off (train)*
lo scherzo *joke*
lo schizzo *sketch*
sciacquare *to rinse*
scomparire* (scomparso) *to disappear*
la scontentezza *discontent*
scoprire (scoperto) *to discover*
scorrere* (scorso) *to run (water)*
scorso *last*
la Scozia *Scotland*
lo scrittore *writer*
scrivere (scritto) *to write*
la scuola *school*
la scuola media *secondary school*
scusare *to excuse*

se *if*
seccare *to dry (up)*
seconda (a ...) *according to*
secondo *according to*
secondo *2nd*
la seggiola *chair*
il segno *sign*
il segreto *secret*
seguire *to follow*
il semaforo *traffic lights*
sembrare* *to seem*
semplice *simple*
sempre *always; still*
la sensazione *sensation, feeling*
sensibile *sensitive, susceptible, responsive*
il senso *sense, direction*
 senso unico *one way*
sentire *to hear, feel, smell*
senta! (senti!) *listen!*
sentirsi* *to feel*
senza *without*
la sera *evening*
la sera *in the evening*
la serie *series*
serio: sul ... *seriously, really*
servile *servile*
servire** *to serve, be useful*
servirsi di* *to make use of*
il Settecento *the 1700's*
settembre *September*
la settimana *week*
lo sforzo *effort*
sia ...che *both ... and; whether ... or*
siberiano *Siberian*
siccome *since, as*
sicuro *sure*
significare *to mean*
silenzioso *silent*
sinceramente *honestly*
il sistema *system*
la situazione *situation*
sminuito *lessened*
socievole *sociable*
soddisfare (soddisfatto) *to satisfy*
la soddisfazione *satisfaction*
soffriggere (soffritto) *to fry lightly*
soffrire (sofferto) *to suffer*
il soggetto *subject*
solamente *only*
i soldi *money*
il sole *sun*
solito: di ... *usually*
la solitudine *solitude*
solo *only; alone; lonely*
soltanto *only*
somigliare *to resemble*
sommato: tutto ... *all things considered*
soprattutto *above all*
la sosta *stop*
 in sosta *stopped, parked*
sostenuto *supported*

sotto *under, below*
 sottozero *below zero*
la spada *sword*
spagnolo *Spanish*
spastico *spastic*
lo spazio *space*
spazzare *to sweep*
specialmente *especially*
la specie *sort, kind*
sperare *to hope*
la spesa *shopping*
spesso,–a *thick*
spesso *often*
lo spettacolo *sight, show*
spiacevole *unpleasant*
spiccare *to stand out*
spiegare *to explain*
spingere (spinto) *to push*
spontaneo *spontaneous*
sporco *dirty*
lo sport *sport*
lo sportivo *sportsman; sports fan*
sposare *to marry*
 sposato con ... *married to ...*
sposarsi* *to get married*
la squadra *team*
staccato *detached*
stanco *tired*
stare* *to be, stay, live*
 star bene a ... *to suit ...*
 star male *to be ill*
 stare per ... *to be about to ...*
gli Stati Uniti *U.S.A.*
la statua *statue*
la stazione *station*
la sterlina *pound (sterling)*
steso *spread out*
stesso *same, selfsame*
lo stesso *the same*
lo stile *style*
lo stipendio *salary*
lo stomaco *stomach*
la storia *story; history*
la Storia dell'Arte *art history*
storico *historic*
lo stormo *flock*
storpiato *distorted*
la strada *street, road*
straniero *foreign*
lo straniero *foreigner*
strano *strange*
la strategia *strategy*
lo strato *layer*
stretto *narrow*
strillare *to scream*
stringere (stretto) *to squeeze*
lo studente *student*
studiare *to study*
lo studio *study*
stupendo *magnificent*
su *up; out of; on*

subito *immediately*
subito *endured*
succedere* (successo) *to happen*
suggerire *to suggest, prompt*
il sugo *sauce*
suonare *to play (musical instrument);*
ring (bell)
superare *to exceed, overcome*
il supermercato *supermarket*
superstizioso *superstitious*
svalutare *to underestimate, belittle*
lo svantaggio *disadvantage*
svedese *Swedish*

T
tacciato (di) *accused (of)*
tagliare *to cut, cut off*
il taglio *cut*
talmente *so*
talvolta *sometimes*
il tamburo *drum*
i tanghi (s. tango) *tangos*
un tantino *a little*
tanto,—a *(so) much*
tanti,—e *(so) many*
la tasca *pocket*
tastare *to touch, feel*
il teatro *theatre*
il tedesco *German*
la teglia *oven-proof dish, pie dish*
la televisione *television*
la temperatura *temperature*
il tempo *time; weather*
primo tempo *first half (of match)*
tendere (teso) *to tend*
tenere (tenuto) *to keep, hold*
tenero *tender*
tentare *to try*
il termometro *thermometer*
la terra *earth, land, fatherland*
in terra *on the ground*
il terreno *land*
il tessitore *cloth manufacturer, weaver*
il tessuto *cloth*
la testa *head*
il tetto *roof*
tifare per . . . *to be a fan of, to support*
il tifoso *fan*
il tino *vat*
tipico *typical*
il tipo *type*
tocca: . . . a Lei *your turn*
togliere (tolto) *to take off*
togliersi* *to take off*
la tomba *grave, tomb*
tormentoso *worrying*
tornare* *to return*
tra *between; among*

tradizionale *traditional*
il traffico *traffic*
tranne *except for*
tranquillamente *peacefully*
tranquillizzare *to calm*
tranquillo *calm*
trascorrere (trascorso) *to spend*
il trasporto *transport*
trattare *to treat*
trattarsi* di *to be a question of*
la trattoria *small restaurant*
tremendo *terrible, dreadful*
triste *sad*
il tronco *trunk*
troppo *too*
troppo—a *too much*
troppi,—e *too many*
trovare *to find*
andare (venire) a trovare . . . *to go*
(come) and see . . .
trovarsi* *to find oneself, to be*
il/la turista (pl. —i or —e) *tourist*
turistico *tourist, for tourists*
tutto,—a,—i,—e *all*
tutti e due *both*
tutti quanti *everyone*

U
un ufficio *office*
uguale (eguale) *equal, same*
ultimo *last*
un' umanità *humanity*
umano *human*
umido *humid, damp*
umile *humble*
un uncinetto *crochet hook*
unico *only*
un'università *university*
un uomo (pl. uomini) *man*
usare *to use*
uscire* *to go (come) out*
utilizzare *to use*

V
la vacanza *holiday*
in vacanza *on holiday*
la valigia *suitcase*
la vanità *vanity*
vanitoso *vain*
il vantaggio *advantage*
vario *various*
vasto *vast*
la vecchietta *old woman, little old lady*
il vecchietto *little old man*
vecchio *old*

vedere (visto/veduto) *to see*
veloce *quick, swift*
vendere (venduto) *to sell*
la vendita *sale*
venire* (venuto) *to come*
    venire in mente a *to occur to*
il vento *wind*
veramente *really*
verde *green*
la verdura *vegetables*
la verità *truth*
il vernacolo *vernacular*
vero *true*
verso *towards*
vestire *to dress*
vestirsi* *to dress*
il vestito *dress*
    vestito di *dressed in*
la vetrata *large window*
la vetrina *shop window*
la via *street, way*
    una via di mezzo *a happy medium*
via *away*
via! *come on, go on*
il viaggio *journey*
la vicenda *event*
viceversa *on the contrary*
vicino *near*
la vigna *vine*
il villaggio *village*
vincere (vinto) *to win*
il vino *wine*
viola *violet*
la virilità *virility*
la visita *visit*
visitare *to visit, look round*
la vita *life*
la vite *vine*
vivere** (vissuto) *to live*
il vizio *vice, bad habit*
la voglia *desire*
    aver voglia di . . . *to want to . . .*
il volante *steering wheel*
volentieri *willingly, gladly*
volere (voluto) *to want*
    voler bene a *to love*
    voler dire *to mean*
la volontà *will*
la volta *time*
    a volte, alle volte *sometimes*
    una volta *at one time*
    qualche volta *sometimes*
il volto *face*
vorrei *I'd like*

Z

la zia *aunt*
lo zio *uncle*
la zona *zone*